ONTOLOGIA HERMENÊUTICA
E TEOLOGIA

PAULO SÉRGIO LOPES GONÇALVES

ONTOLOGIA HERMENÊUTICA E TEOLOGIA

DIRETOR EDITORIAL:
Marcelo C. Araújo

EDITORES:
Avelino Grassi
Edvaldo Manoel de Araújo
Márcio F. dos Anjos

COORDENAÇÃO EDITORIAL:
Ana Lúcia de Castro Leite

REVISÃO:
Lessandra Muniz de Carvalho

DIAGRAMAÇÃO:
Alex Luis Siqueira Santos
Juliano de Sousa Cervelin

CAPA:
Fernanda Barros Palma da Rosa

Dados Internacionais de Catalogação na Publicação (CIP)
(Câmara Brasileira do Livro, SP, Brasil)

Gonçalves, Paulo Sérgio Lopes
    Ontologia hermenêutica e teologia / Paulo Sérgio Lopes Gonçalves. - Aparecida, SP: Editora Santuário, 2011.

    ISBN 978-85-369-0219-7

    1. Filosofia 2. Filosofia e religião 3. Hermenêutica 4. Ontologia 5. Teologia I. Título.

11-00089   CDD-210

Índices para catálogo sistemático:

1. Filosofia e teologia 210
2. Teologia e filosofia 210

Todos os direitos reservados à **EDITORA SANTUÁRIO** — 2011

Composição, CTcP, impressão e acabamento:
EDITORA SANTUÁRIO – Rua Padre Claro Monteiro, 342
12570-000 – Aparecida-SP – Fone: (12) 3104-2000

Para meu Pai e minha mãe (*in memoriam*).

Para os especiais: Kelly, Felipe, Sheila.

Para meus amigos: Germano Rigacci Junior e Marco Carnio.

Para meus familiares: Dinho, Nadir, Ruani, Rodolfo, Pietro, Gisele, Mirella, Vinicius, Anderson, Kátia, Edvaldo, Éderson Rafael, Kelly Renata, Catarine, Ana Paula, Adriano, Cristal, Carla, Ricardo e Raoni, Dona Mafalda e Maiara.

AGRADECIMENTOS

Por meio de minha fé cristã, agradeço a Deus, revelado plenamente em Jesus Cristo, que me dá vida todos os dias e que em seu Espírito me inspira e me ilumina a fazer teologia e articulá-la com a filosofia.

Agradeço ainda:

À Pontifícia Universidade Católica de Campinas que me dá espaço para trabalhar na docência e na pesquisa, principalmente no projeto de pesquisa "A centralidade antropológica na teologia contemporânea à luz da ontologia hermenêutica". Em especial, agradeço aos funcionários do Centro de Ciências Humanas e Sociais Aplicadas e aos coordenadores de seu Núcleo de Pesquisa e Extensão o apoio e contribuições valiosas. Em especial também agradeço aos alunos, principalmente aos meus alunos do curso de Teologia, a confiança e questionamentos pertinentes.

À Universidade de Évora ter-me acolhido para fazer dois estágios de pós-doutoramento em Filosofia, principalmente ao Departamento de Filosofia e ao Instituto de Investigação e Formação Avançada que, nas pessoas da professora Dra. Maria Fernanda Enriques e das funcionárias Natália e Cláudia, propiciou-me todo o apoio necessário para pesquisar, meditar e escrever.

Aos padres e seminaristas do Seminário Diocesano de Évora, que com sua hospitalidade e afeto deram-me condições de espírito para realizar os estágios de pós-doutoramento.

Aos colegas docentes da Pontifícia Universidade Católica de Campinas, a confiança, colaboração e recepção de minhas intuições e argumentação filosófico-teológica. Em especial, agradeço ao professor Peter Panutto e ao Pe. Elisiário César Cabral, o respectivo e indispensável apoio.

Ao professor Walter Ferreira Salles e aos alunos Deivison R. do Amaral e Johnny A. dos Santos, membros do grupo de pesquisa "Teologia Contemporânea", as constantes contribuições acadêmicas e a confiança que me foi dispensada.

Aos amigos do Centro Diocesano de Formação Teológica, principalmente às funcionárias e aos coordenadores, o incentivo e apoio constante.

À Irene Borges Duarte, docente e pesquisadora da Universidade de Évora, acolher-me em sua casa sapiencial, mergulhar-me na ontologia hermenêutica, respeitar-me e acolher-me com meu pensamento teológico, ter-me proporcionado um enorme crescimento intelectual e afetivo.

A todos que acreditam na seriedade do pensamento para contribuir na edificação de um novo ser humano: mais fraterno, mais justo, mais solidário, mais de Deus.

SUMÁRIO

Apresentação 11

Introdução 15

1. A relação entre filosofia e teologia 23
1. Introdução 23
2. Relação histórica entre filosofia e teologia 25
3. A filosofia como ciência ontológica corretiva
na relação com a teologia 33
4. A filosofia como elemento interno constitutivo da teologia 42
5. Possibilidade de articulação entre corretivo ontológico
e elemento interno à teologia 49
6. Conclusão 57

**2. A religião na pós-modernidade - Análise fenomenológica
da vida religiosa** 59
1. Introdução 59
2. A necessidade da análise da religião na pós-modernidade 61
3. A fenomenologia da vida religiosa 67
   3.1. A proposta de Heidegger e a introdução de Agostinho 67
   3.2. Memória: correspondência com a existência 73
   3.3. A *beata vita* e seus caminhos 76
   3.4. As tentações: da carne, dos olhos e da soberba 81
   3.5. Existência e facticidade da vida 89

4. Desdobramentos para análise da religião na pós-modernidade 93
5. Conclusão 104

3. Teologia e antropologia em Karl Rahner 107
1. Introdução 107
2. O método teológico transcendental na teologia contemporânea 108
3. Articulação entre teologia e antropologia 117
   3.1. O homem é ouvinte da Palavra 117
   3.2. Deus é mistério absoluto 121
   3.3. A relação entre a culpabilidade humana
   e a autocomunicação divina 128
4. Desdobramentos 135
5. Conclusão 139

4. Existência e hermenêutica em teologia 141
1. Introdução 141
2. A ontologia hermenêutica de Martin Heidegger 142
   2.1. As obras preliminares e a obra *Sein und Zeit* 142
   2.2. Elementos fundamentais 148
      2.2.1. Analítica existencial 148
      2.2.2. O círculo de compreensão 152
      2.2.3. O cuidado 155
      2.2.4. Temporalidade e morte 157
      2.2.5. Temporalidade, transcendência e história 161
3. A apropriação da hermenêutica existencial por parte
de Rudolf Bultmann 166
   3.1. O programa de demitologização 166
   3.2. O círculo hermenêutico 170
   3.3. Teologia kerygmática 172
   3.4. Cristologia existencial 175
   3.5. Palavra escatológica 178
4. Aproximação da ontologia hermenêutica
com a teologia kerygmática 183
5. Conclusão 188

Palavras Finais 191

APRESENTAÇÃO

Irene Borges Duarte[1]

Évora em novembro é uma cidade úmida e gélida, no Portugal interior. Os mármores e granitos, e os calhaus de basalto dos pavimentos, transpiram vapores frios que nos trepam pelas pernas acima até os joelhos doloridos. Ambiente próprio para o recolhimento em um lugar aconchegado e para o trabalho intelectual, com uma boa mesa secretária, farta bibliografia e o frio apaziguado por alguma fonte próxima de calor.

Também Marburgo é uma cidade recôndita e antiga, no coração da Alemanha. Em 1923, ante a perspectiva de lá ir parar como catedrático extraordinário, a convite da famosa Universidadeda da cidade, Heidegger, em carta a Jaspers, diz alegrar-se de que assim seja: uma "cidadezinha tranquila, onde se pode trabalhar sem interrupção" (carta de 19/06/1923). E mesmo se, mais tarde, se queixa por ela ser um "ninho de neblina" (carta de 26/10/1926), não deixa de repetir que "lá fora é estupendo, embora na universidade nada se passe, esteja tudo adormecido na mediania da massa, sem que haja excitação ou estímulo. Só uma exceção, um homem: o teólogo Bultmann", com quem se encontra semanalmente e de quem diz "não cheirar a mofo" (carta de 18/06/1924).

Quando Paulo Sérgio Gonçalves, filósofo e teólogo de Campinas, chegou a Évora, em Novembro de 2008, vinha certamente com

---
[1] Doutora em Filosofia e docente pesquisadora da Universidade de Évora e do Centro de investigação de Filosofia da Universidade de Lisboa, em Portugal.

esse espírito de encontrar um ninho onde levar a cabo seu trabalho, na fronteira entre a teologia e a filosofia, em diálogo com Heidegger e com Bultmann. Creio que o encontrou, pois, em dois intensos novembros, em anos consecutivos, conseguiu levar a bom termo seu pós-doutoramento, com a pesquisa da obra daqueles autores, no contexto do que chama "a centralidade antropológica na teologia contemporânea à luz da ontologia hermenêutica". Alegra-me pensar que a velha cidade e Universidade de Évora, em tempo outonal, contribuiu, com suas condições e materiais de trabalho à disposição, para a realização da obra final, que agora apresento. Mas foram, sem dúvida, a inquietude investigadora e o porfiar metódico do autor que permitiram chegar ao êxito final.

Pelo caminho ficaram muitas horas de diálogo e uma colaboração com o projeto de investigação "Heidegger em Português", que, decerto, ainda dará mais frutos. O trabalho sobre as reflexões, conferências e lições de Heidegger sobre Santo Agostinho e São Paulo, donde surgirá, em 1924, a meditação sobre o "Conceito de Tempo" – que constitui o que Thomas Sheehan chamou "o primeiro esboço de *Ser e Tempo*" –, foi objeto de atenção em aulas de mestrado e doutoramento em Évora e de duas sessões do Seminário permanente do citado projeto, celebrada uma na Universidade de Coimbra e outra em Évora. Nelas, alunos e colegas investigadores tiveram oportunidade de ouvir e discutir acerca da aplicação metódica de uma hermenêutica ontológica des-construtiva aos conteúdos históricos da filosofia e, mais especialmente, encontrar na abordagem heideggeriana das *Confissões* uma forma de tomar em propriedade a experiência humana do cuidado e do desejo, como expressão estrutural da facticidade vital, que define a condição humana. Não esqueçamos que foi esta abordagem que motivou Hannah Arendt a fazer seu doutoramento sobre "O Amor em Santo Agostinho".

A porosidade das dimensões filosófica e teológica dessas matérias ganha maior relevo se atendermos, como o faz o autor do presente livro, ao diálogo imanente do filósofo com o teólogo Bultmann, e vice-versa, ou à referência silenciosa de Rahner a Heidegger, para além de outras mais explícitas. É o carácter "existencial" da relação do humano com o divino que, dessa maneira, surge a uma nova luz, possibilitando a fundamentação de uma abordagem mais ligada à realidade fática que aos conceitos-chave, dependentes da tradição de interpretação bíblica. Uma nova teologia, portanto. Paulo Sérgio Gonçalves continua, dessa maneira, a aprofundar aquilo que o preocupa desde seu doutoramento, com um trabalho sobre a Teologia da Libertação.

Na senda iniciada em Campinas e Roma e aprofundada em Évora, com Marburgo em mira, resta-nos esperar que o excelente trabalho aqui apresentado tenha continuidade na vida e na pesquisa do autor, cuja pujança e interesse pelo humano alicerçam-se na sólida base da teologia cristã, alheia a confinamentos doutrinais católicos ou protestantes. Pensador e ser humano, Paulo Sérgio Gonçalves convida-nos neste livro a enfrentar a radicalidade da experiência da existência, aberta ao divino e fazedora de mundo. Lê-lo é acompanhá-lo num caminho de libertação. Em tempos de penúria material, intelectual e moral o convite a pensar a *religatio* deve poder servir de contexto e ponto de partida desse caminhar.

Irene Borges Duarte
Em Évora, com a ajuda de Todos os Santos,
no dia 1º de novembro.

INTRODUÇÃO

Esta obra está fundamentada no projeto de pesquisa intitulado "A centralidade antropológica na teologia contemporânea à luz da ontologia hermenêutica", cuja intuição fundamental e estudo específico, desenvolvida em pesquisa anterior e publicada recentemente[2], possibilitou visualizar duas viradas fundamentais na teologia contemporânea: a hermenêutica e a antropológica. Ambas denotam a possibilidade de superação da teologia apologética que se instaurou no Cristianismo a partir do Concílio de Trento (1545-1563) e combateu a Modernidade, especialmente em sua formulação filosófica e teológica. A virada hermenêutica é marcada por dois modos de efetivação: a epistemológica e a ontológica. A primeira tem como representantes Friedrich Schleiermacher[3] e Wilhelm Dilthey,[4] que implementou a categoria história na compreensão e interpretação de textos e de eventos, efetuando uma hermenêutica histórica. Esses dois autores desenvolveram uma hermenêutica efetivamente filosófica, denotativa de regras epistemológicas para efetivar a operação hermenêutica, e se consolidaram como pais da supracitada virada, trazendo à

---

[2] Cf. GONÇALVES, Paulo Sérgio Lopes. *Questões contemporâneas de teologia*. Paulus: São Paulo, 2010.

[3] Cf. SCHLEIERMACHER, Friedrich. *Hermenêutica. Arte e técnica da interpretação*. Tradução de Celso Reni Braida. Vozes – São Francisco: Petrópolis – Bragança Paulista, 2003.

[4] Cf. DILTHEY, Wilhelm. *Psicologia e Compreensão. Ideias para uma Psicologia descritiva e analítica*. Tradução de Artur Morão. Edições 70: Lisboa, 2002.

tona uma hermenêutica histórica em que autor e leitor interagem-se no ato da mencionada operação.

Não obstante a revolução copernicana que esses autores propiciaram à história do pensamento contemporâneo, é Martin Heidegger quem, preocupado com a história do ser e influenciado pelo pensamento de Soren Kieerkgaard a respeito da existência humana e pela fenomenologia de Edmund Husserl, busca superar a metafísica como onto-teologia e apresentar sua ontologia hermenêutica, em perspectiva existencial. Seu pensamento tem na obra *Sein und Zeit*[5] um grande marco que acolheu suas intuições anteriores e, mesmo não sendo uma obra acabada, possibilitou-lhe posteriormente continuar pensando na perspectiva ontológico-existencial. A história da filosofia comprova que Hans Georg Gadamer, responsável por uma fabulosa obra sobre hermenêutica,[6] recepciona a perspectiva estética e histórica e a nova ontologia da linguagem na perspectiva da ontologia hermenêutica proveniente de Heidegger. Além dele, também Paul Ricoeur[7] desenvolveu de maneira original sua ontologia hermenêutica, abrindo espaço para o diálogo da filosofia com a psicanálise, com a antropologia, com a história e com a teologia. Com isso, constituiu a hermenêutica em textual, simbólica e da ação.

A hermenêutica concebida como ontologia, amparada na concepção epistemológica, trouxe à tona a possibilidade de compreender textos, símbolos, obras de arte e eventos à luz do caráter existencial de homem. Dessa forma, a hermenêutica passou a ser um elemento filosófico de compreensão e interpretação penetrando a existência

---

[5] HEIDEGGER, Martin. *Sein und Zeit*. Gesamausgabe 2. Aos cuidados de Friedrich-Wilhelm Von Hermann. Vittorio Klostermann: Frankfurt am Main, 1977.

[6] Cf. GADAMER, Hans-Georg. *Verdade e método (I). Traços fundamentais de uma hermenêutica filosófica*. Tradução de Flávio Paulo Meurer. Vozes – São Francisco: Petrópolis – Bragança Paulista, 2003; Idem. *Verdade e Método (II). Complementos e índice*. Tradução de Enio Paulo Giachini.Vozes – São Francisco: Petrópolis – Bragança Paulista, 2003.

[7] Cf. RICOEUR, Paul. *Lê conflit des interprétations*. Editions du Seuil: Paris, 1969.

humana. Isso significou colocar fim a uma antropologia filosófica, combatida já por Friedrich Nietzsche, considerado por Heidegger como o último dos metafísicos,[8] que impunha uma visão acabada de homem, possibilitando que as diferenças existenciárias entre os seres humanos não aparecessem com a nitidez necessária. Emergiu uma nova antropologia filosófica, amparada na ontologia hermenêutica que visualiza o homem em sua existência, cujo significado é o de ver o homem em sua história, em sua historicidade, em seu dinamismo vivencial.

A ontologia hermenêutica propiciou também um novo olhar sobre a história do homem contemporâneo, marcada por duas guerras mundiais; pela emergência de uma geopolítica que consagra dois blocos políticos – o capitalismo e o socialismo –; pela possibilidade de autodestruição do homem e do planeta terra, causada pelo surgimento da bomba atômica e pelos investimentos em armamentos nucleares; pelo surgimento da aplicação da ciência e, como uma de suas consequências, a emergência de novas tecnologias, especialmente as da informação; e pela nova consciência que se iniciava a surgir, apontando para a perplexidade contemporânea, para os direitos fundamentais do ser humano e para uma era ecológica.

Essa virada hermenêutica incidiu na teologia contemporânea que, por sua vez, desde o final do século XIX apontava uma nova relação entre fé cristã e razão, superando o fideísmo e o racionalismo e tudo o que deles derivasse. A hermenêutica serviu para aplicar a categoria história e a consciência histórica na produção de teologia, possibilitando a formulação de teologias da história e, associadas a essas, as teologias da práxis e as teologias contextuais. Da virada hermenêutica surgiu a virada antropológica, uma vez que a ontologia hermenêutica, de cunho existencial, centrou-se no homem, compreendido e interpretado em sua existência. Disso resultado, na produção teológica, a teologia existencial de Rudolf Bultmann e a teologia

---

[8] Cf. HEIDEGGER, Martin. "A palavra de Nietzsche 'Deus morreu'", in *Caminhos de Floresta*. Tradução portuguesa de Alexandre Franco de Sá. Fundação Calouste Gulbenkian: Lisboa, 1998, p. 243.

transcendental de Karl Rahner, cuja intuição marcante e fundamental é que a teologia deve estar articulada com a antropologia, e que esta articulação se sustenta em uma filosofia existencial – no caso de Bultmann – ou transcendental – no caso de Rahner –, tendo como consequência que o falar de Deus é mediado pelo falar do homem e sobre o homem.

A teologia existencial e a teologia transcendental assumiram a centralidade do ser humano na maneira de fazer teologia, iluminadas pela ontologia hermenêutica heideggeriana. Isso significa colocar fim às formulações teológicas, oriundas de conceitos desvinculados da história, da historicidade e do dinamismo vivencial do homem. Tratava-se de compreender o homem em sua existência, com fundamentação na filosofia, para se refletir e discursar sobre Deus, enquanto expressão da própria confissão de fé cristã.

Diante do exposto, objetiva-se nesta obra apresentar quatro temas denotativos do projeto de pesquisa acima mencionado, visando apresentar o caráter contemporâneo da teologia que não mais se encerra em conceitos definitivos, mas cujo conteúdo de fé parte da existência do homem. E para isso a ontologia hermenêutica elaborada por Heidegger é de suma importância na produção teológica, especialmente na teologia existencial de Bultmann e de Rahner. Escolheu-se Heidegger como fonte da referida ontologia porque seu pensamento é efetivamente um marco histórico-filosófico e que incidiu não apenas na filosofia e nas ciências humanas, mas também na teologia. Optou-se por Bultmann pelo fato de que explicitamente assumiu o pensamento existencial heideggeriano e foi original ao formular a sua teologia existencial, não prescindindo do *humanum* e fazendo preponderar a fé cristã. A escolha por Rahner se deve ao fato de que ele efetuou algo de profundamente original: buscou fundir a filosofia tomista com a filosofia heideggeriana para formular a sua filosofia transcendental, considerada fundamental para a articulação entre teologia e antropologia que, com eficácia, realiza.

Para atender a esse objetivo, optou-se por selecionar textos fundamentais de Heidegger, de Bultmann e de Rahner, desembocando-se em quatro temas: a relação entre filosofia e teologia, a análise da religião no que se denomina pós-modernidade, a relação entre teologia e antropologia e a articulação entre existência e hermenêutica em teologia.

O primeiro tema, intitulado "A relação entre filosofia e teologia", foi desenvolvido a partir da constatação de que a relação entre filosofia e teologia é histórica, e caracterizou-se como imprescindível. A partir disso, explicitaram-se as visões de Heidegger[9] e de Rahner,[10] conceituando a filosofia como ciência ontológica e a teologia como ciência ôntica, além de explicitar que a relação é marcada pela aliança e colaboração mútua entre ambas as ciências.

O segundo tema possui como título "A religião na pós-modernidade" e abarca a análise filosófica da religião na pós-modernidade, tomando como fundamentação principal a análise de Heidegger acerca da experiência religiosa de Agostinho de Hipona, no livro X das *Confissões*.[11] Dessa forma, apresentou-se o *status quaestionis*, a análise heideggeriana da obra agostiniana e aplicou-se ao que se denomina de pós-modernidade.

O terceiro tema, intitulado "Teologia e antropologia", apresenta a visão rahneriana da relação entre essas duas áreas, com fundamentação no método transcendental do teólogo alemão.[12] A partir disso, desenvolveu-se essa articulação presente nos conceitos de ho-

---

[9] Cf. HEIDEGGER, Martin. "Fenomenologia e Teologia", in *Marcas do Caminho*. Tradução de Enio Paulo Giachini e Ernildo Stein. Vozes: Petrópolis, 2009, p. 56-88.

[10] Cf. RAHNER, Karl. "Sul rapporto odierno tra filosofia e teologia", in *Nuovi Saggi (V)*. Tradução de Carlo Danna. Paoline: Roma, 1975, p. 95-118.

[11] HEIDEGGER, Martin, "Augustinus und der Neuplatonismus", in *Phänomenologie des Religiösen Lebens*. Gesamtausgabe 60. Aos cuidados de Mathias Jung, Thomas Regehly e Claudius Strube. Vittorio Klostermann: Frankfurt am Main, 1995, p. 157-299; AGOSTINHO, Santo. *Confissões*. Edição Bilingue e Tradução portuguesa de Arnaldo do Espírito Santo – João Beato – Mari Cristina de Castro Maia de Sousa Pimentel. Centro de Literaratura e Cultura Portuguesa e Brasileira – Imprensa Nacional – Casa da Moeda: Lisboa, 2000.

[12] RAHNER, Karl. "Riflessioni sul metodo della teologia", in *Nuovi Saggi (IV)*. Tradução de Vittorino Gambie Carlo Danna. Paoline: Roma, 1973, p. 98-141.

mem, Deus e no de autocomunicação de Deus em sua relação com o homem.[13] Em seguida, foram apontados os desdobramentos desta articulação em outros modos de produção teológica na era contemporânea.

O quarto tema denomina-se "Existência e hermenêutica em teologia" e objetiva-se nele apresentar a articulação entre existência e hermenêutica à luz da ontologia hermenêutica de Heidegger, presente principalmente em *Sein und Zeit*, e da teologia existencial de Bultmann, descrita especialmente em *Glauben und Verstehen*.[14] Apresentou-se um conjunto de elementos denotativos da mencionada ontologia e da referida teologia, buscando articulá-las como caracterização do modo como existência e hermenêutica podem ser articuladas em teologia, tornando esta última eficaz e efetivamente contemporânea desta época histórica.

Ao final da obra, buscou-se sistematizar o conjunto de todos os temas desenvolvidos, como forma de não fechá-los, mas de possibilitar a continuidade da meditação e do debate, profundamente necessários para o pensamento contemporâneo.

Ressalta-se ainda que os temas surgiram da mesma pesquisa, mas sua articulação interna é epistemologicamente autônoma, trazendo à tona a possibilidade de afirmação de algumas ideias mais de uma vez, embora com linguagem diferente e em contexto diverso.

Enfim, a presente obra é fruto de um trabalho denotativo do pensar filosófico-teológico contemporâneo, buscando eficácia cientí-

---

[13] Idem. *Hörer des Wortes. Zur Grundlegung einer Religionsphilosophie*. Kösel-Pustet: München, 1941; Idem. "O Ouvinte da Palavra", in *Curso fundamental da fé. Introdução ao conceito de Cristianismo*. Tradução de Alberto Costa. Paulinas: São Paulo, 1989, p. 37-59; Idem. "O homem perante o mistério absoluto", in *Curso fundamental da fé*, op. cit., p. 60-113; Idem. "O homem como ser radicalmente ameaçado pela culpa", in Ibidem, p. 114-144; Idem. "O homem como evento da livre e indulgente autocomunicação de Deus", in Ibidem, p. 145-170.

[14] BULTMANN, Rudolf. *Glauben und Verstehen*. Gesammelte Aufsätze. Band I-IV. J.C.B. Mohr: Tübingen, 1933; 1952; 1960; 1965. Aqui será utilizada a tradução italiana que compacta os quatro volumes: *Credere e comprendere*. Queriniana: Brescia, 1977.

fica nesta época histórica, mas que não se fecha em si. Ao contrário, é um pensamento emergente de uma pesquisa que se abre para buscar novas pesquisas denotativas do pensar com outra eficiência e com outra eficácia, que tenham o espírito da *aletheia* da existência humana e da esperança cristã, ambas denotativas do ser humano novo, verdadeiramente humano e em comunhão com Deus.

1
A RELAÇÃO ENTRE FILOSOFIA E TEOLOGIA

1. Introdução

A abordagem da relação entre filosofia e teologia requer, antes de tudo, assumir que é pela preocupação fundamental com a identidade própria da teologia que se constrói tal abordagem. Justifica essa posição o fato de que a teologia é ciência de fé e, portanto, confessional, constituída de uma originalidade histórica posterior à filosofia em sua constituição científica e historicamente contando sempre com o apoio do substrato filosófico. A teologia cristã surgiu a partir da experiência da fé revelada em Jesus Cristo e foi elaborada em diversos modos ao longo de sua história, tendo como substrato teórico a filosofia, em suas diferentes configurações históricas, ainda que recentemente tenha se aberto a outras ciências, conforme verifica-se nas teologias contextuais, por exemplo. Assim sendo, objetiva-se neste trabalho apresentar a relação entre filosofia e teologia visando à construção de um complexo teológico que tenha eficácia contemporânea, cuja linguagem aponte para aquilo que é propriamente teológico – o modo da revelação de Deus em Cristo, a salvação universal e o homem novo, a redenção cósmica e a nova criação, a sacramentalidade salvífica da Igreja e o Reino de Deus – em consonância com o clima da contemporaneidade, marcado pela pós-modernidade, pela globalização econômica, pelo pluralismo religioso, pela pluralidade científica e sua interpelação ao diálogo científico e por outras realidades humanas às quais a teologia deve prestar atenção. Para atingir esse objetivo, tomar-se-á como objeto material dois pensadores contemporâneos que trataram do tema com toda a seriedade necessária possível: Martin Heidegger e Karl Rahner.

Martin Heidegger (1889-1976) é um filósofo alemão, formado com os jesuítas e após ter deixado a mencionada Congregação Religiosa recebeu grande influência da fenomenologia de Edmund Husserl, além da filosofia existencial de Soren Kierkegaard e da hermenêutica histórica de Friedrich Schleiermacher e Wilhelm Dilthey. Constata-se a originalidade de seu pensamento, fundada em pensar toda a história da filosofia a partir do que não fora pensado. Com toda clarividência, seu pensamento foi construído historicamente e desde os primórdios já trazia à tona a hermenêutica da facticidade, a temporalidade do tempo, a espacialidade do espaço e a existência como um porvir antecipado no presente, que, por sua vez, é capaz de retomar o passado. Dessa forma, o *Dasein* heideggeriano é o homem em seu dinamismo histórico-existencial, que se situa no mundo com outros homens, com a natureza, visualiza a morte como um horizonte de encerramento de possibilidades, interpelando a sua existência autêntica ou inautêntica. Tem-se então uma ontologia hermenêutica do homem que o coloca como um *Dasein* aberto e dinâmico a realizar sua existência. Em função disso, esse filósofo alemão conceitua a filosofia como ciência ontológica que se difere das ciências ônticas e imbui-se de uma identidade própria e específica. Relaciona-a com a teologia, considerada por ele como ciência ôntica, caracterizando-a como ciência ontológica que se difere da teologia, sem emitir uma hierarquia axiológica entre ambas, mas dando a cada uma a respectiva identidade e função competente.[15]

---

[15] Para uma biografia de Martin Heidegger: SAFRANSKI, Rüdiger. *Heidegger. Um mestre da Alemanha entre o bem e o mal.* Tradução de Lya Luft. Geração Editorial: São Paulo, 2000; INWOOD, Michael. *Heidegger.* Tradução de Adail Ubirajar Sobral. Loyola: São Paulo, 2004; NUNES, Benedito. *Heidegger & Ser e Tempo.* Jorge Zahar Editor: Rio de Janeiro, 2004; LOPARIC, Zlijko. *Heidegger.* Jorge Zahar Editor: Rio de Janeiro, 2004.

O teólogo jesuíta alemão Karl Rahner (1904-1984) frequentou cursos de Filosofia ministrados por Martin Heidegger, chamado por ele como seu único mestre em Filosofia, e mesmo não tendo se doutorado em filosofia continuou a utilizá-la após seu doutoramento em teologia. É autor de uma vastíssima obra e sua reflexão sobre a relação entre filosofia e teologia, superando uma visão em que esta relação manifesta-se como de subordinação de uma ciência à outra, estabelece um relacionamento marcado pela especificidade de cada área, pelo diálogo e principalmente por dar à filosofia um *lócus* peculiar no interior da teologia. Dessa forma, sua preocupação fundamental é com uma produção teológica eficaz, e, para isso, vê na filosofia um *partner* interno à própria ciência teológica.[16]

Diante do exposto, utilizar-se-á a metodologia descritivo-analítica, pela qual se explicitará o caráter histórico da relação entre filosofia e teologia, tendo como ponto de partida o Cristianismo, seguida da explanação das posições de Heidegger e de Rahner, simultaneamente diferentes e passíveis de articulação. Ao final, apontar-se-á um conjunto de elementos denotativos das diferenças dos autores e da possibilidade de articulação entre as posições de ambos, visando apontar uma explícita contribuição no caráter propriamente contemporâneo da teologia.

2. Relação histórica entre filosofia e teologia

Desde os primórdios do Cristianismo constata-se a relação entre filosofia e teologia. Trata-se de uma relação marcada por diversas conotações, cuja variação está intimamente ligada a cada contexto

---

[16] Para uma biografia de Karl Rahner: SANNA, Ignazio. *Karl Rahner*. Tradução de Silvana Cobucci Leite. Loyola: São Paulo, 2004; SESBOÜE, Bernard. *Karl Rahner. Itinerário teológico*. Tradução de Nicolás Nyimi Campanário. Loyola: São Paulo, 2004; VORGRIMLER, Herbert. *Karl Rahner. Experiência de Deus em sua vida e em seu pensamento*. Tradução de Gilmar Saint' Clair Ribeiro. Paulinas: São Paulo, 2006.

histórico em que essa relação se efetivou. Dessa forma, encontra-se no novo testamento uma relação de resistência da fé às formulações filosóficas de cunho helenístico, oriundas do gnosticismo, que afirmavam o dualismo antropológico e a gnose como o único conhecimento possível. Paulo se opõe a essa visão ao apresentar a cruz como verdadeira sabedoria em oposição ao *logos* helênico. João, por sua vez, assume o *logos* grego dando-lhe uma conotação cristã e, por conseguinte, tornou-o *logos* encarnado (Jo 1,1-18), cujo ápice encontra-se na cruz de Jesus Cristo, verdadeira sabedoria de Deus.[17]

Ainda no primeiro século, o filósofo Justino opôs-se aos gnósticos, assumindo o Cristianismo como verdadeira filosofia, à medida que deu a essa religião um caráter de desveladora do mistério divino. A partir desse filósofo cristão, a relação entre filosofia e teologia tornou-se gradativamente intensa. Assim sendo, Tertuliano, Irineu de Lyon, Hipólito, Teófilo de Antioquia, Clemente de Alexandria e Orígenes utilizaram a filosofia para o desenvolvimento da apologética da fé no combate às heresias antigas e para a sistematização dos conteúdos da fé. Um exemplo clássico disso é a obra *Adversus Haereses*[18] de Irineu de Lyon, que, para se contrapor às heresias oriundas de Marcião, sistematizou todo o conteúdo da fé em relação a Deus, à Igreja e ao homem situado no mundo criado.[19]

---

[17] Cf. MATEOS, Juan – BARRETO, Juan. *Vocabulário teológico do evangelho de São João João*. Tradução de Alberto Costa. Paulinas: São Paulo, 1989; LATOURELLE, René. "A revelação em o novo testamento", in *Teologia da Revelação*. Tradução de Flávio Cavalca de Castro. Paulinas: São Paulo, 1973, p. 40-84.

[18] Cf. LYON, Irineu de. *Contro le Eresie (I-II)*. Tradução de Vittorino Dellagiacoma. Edizione Cantagalli: Siena, 1993.

[19] Cf. SESBOÜE, Bernard. "Des orgines au concile de Trente. Apologie de la foi et méthode du discours dogmatique", in SESBOÜE, Bernard – THEOBALD, Christoph (orgs.). *Histoire des Dogmes (IV). La Parole du Salut*. Desclée: Paris, 1996, p. 17-34; GILSON, Etienne. "Os padres gregos e a filosofia", in *A filosofia na Idade Média*. Tradução de Eduardo Brandão. Martins Fontes: São Paulo, 2001, p. 2-38; VILANOVA, Evangelista. "Parte segunda: Teologia Patrística", in *Historia de la teologia (I). De los orígenes al siglo XV*. Herder: Barcelona, 1987, p. 133-203.

Na esteira da sistematização da fé, estão os padres que se utilizaram da filosofia no processo de dogmatização da fé: Atanásio, Ambrósio de Milão, Agostinho, Cirilo de Jerusalém e os Capadócios, principalmente Basílio de Cesareia.[20] É da contribuição desses padres que os dogmas referentes à Trindade, a Cristo, ao Espírito Santo, a Maria e à Criação foram formulados nos grandes quatros Concílios antigos – Niceia (325), Constatinopla I (381), Éfeso (431) e Calcedônia (451) – denominados como pilares dogmáticos do Cristianismo.[21] Destaque deve ser dado a Agostinho, que se formou junto aos maniqueus, converteu-se à fé cristã obtendo grande influência da prática piedosa de sua mãe Mônica e da sabedoria de Ambrósio. Agostinho utilizou a filosofia de cunho neoplatônico no próprio interior do complexo de sua teologia, seja para elaborar sua experiência mística, seja para formular tratados sobre a Trindade e a graça de Deus na relação com o homem, seja para formular sua teologia política. Ele criou uma metodologia caracterizada como caminho de via interior, pelo qual procurava uma *verissimae philosophiae disciplina*. Para ele, a filosofia é *ars bene vivendi*, que procura a sabedoria e a verdadeira felicidade, superando a região do vício e do erro, até chegar à terra da virtude e da verdade. Com isso, Agostinho supera a dúvida dos acadêmicos, encontra-se com o Deus da nova aliança, integra a inteligência à fé (*intellege ut credas*), a *lúmen rationis* à *lúmen fidei* (*crede ut intelligas*).[22]

---

[20] Cf. GILSON, Etienne. "Os padres gregos e a filosofia", op. cit., p. 39-82; Idem. "Os padres latinos e a filosofia", in Ibidem, p. 105-158.

[21] Cf. PASTOR, Félix. *Semântica do Mistério. A Linguagem Teológica da ortodoxia Trinitária*. Loyola – PUC-Rio: Rio de Janeiro, 1982; ALBERIGO, Giuseppe. *Storia dei Concili Ecumenici*. Queriniana: Brescia, 1990; GRILLMEIER, Alois. *Jesus der Christus im Glauben der Kirche I. Von der Apostolichen Zeit bis zum Konzil Von Chalkedon (451)*. Herder: Friburg: 1990.

[22] Cf. SESBOÜE, Bernard. "Apologie de la foi et discours chrétien à l'époque patristique", in op. cit., p. 40-60; VILANOVA, Evangelista. "Parte Segunda: Teologia Patrística", in op. cit., p. 220-249.

A metodologia agostiniana influiu nas teologias posteriores, principalmente na teologia monástica de Bernardo de Claraval e de Anselmo, exemplos claríssimos de uma teologia de via interior, análoga àquela de Agostinho. Essa metodologia passou a ser redimensionada com Tomás de Aquino, cuja característica permite inseri-lo na etapa de esplendor teológico da escolástica. Seu mérito fundamental foi o de assumir o aristotelismo buscado no mundo árabe, com Averrois e Avicena, aplicá-lo em teologia, formando uma síntese com o neoplatonismo agostiniano. O *Aquinate* relaciona o *credere* com o *intelligere*, distinguindo um do outro para uni-los por meio da via de relação, afirmação e negação, articulando a ciência da fé – teologia – comunicada pela revelação de Deus, com a ciência humana alcançada pela autonomia do pensamento humano – filosofia. Ainda nessa etapa, surgiram as tendências histórica, personalista, mística e nominalista na produção teológica, por meio dos Vitorinos Hugo e Ricardo, do franciscano Boaventura de Bagnoregio, de Mestre Eckhart e de Guilherme de Ockan, respectivamente. Dessa forma, a teologia medieval concebeu a teologia como ciência da fé que se serviu da filosofia platônica e da filosofia aristotélica para se firmar como apologia da revelação, da graça e do sobrenatural, possibilitando diversos debates e evidente pluralismo teológico.[23]

A idade moderna conheceu a autonomia da filosofia à medida que deslocou o eixo da interpretação da vida do religioso para o antropológico e elaborou uma nova concepção de ciência, fundamentada no caráter empírico da razão moderna, a qual assumiu o lugar da revelação divina, com a moral tomando a posição da religião. Dessa forma, a teologia católica configurou-se conforme o espírito do Concílio de Trento, denotativo de caráter jurídico e apologético, cujo substrato

---

[23] Cf. SESBOÜE, Bernard. "Exposé de la foi et apologie au Moyen Age", in op. cit., p. 71-132; VILANOVA, Evangelista. "Parte Quinta: Teologia Escolástica", in op. cit., p. 523-550. Do ponto de vista da história da intelectualidade é interessante e pertinente a obra LE GOFF, Jacques. *Les intellectuels au moyen age*. Editions Du Seuil: Paris, 1957, cuja amplidão de exposição se estende para além do pensamento teológico.

filosófico continuava a ser o da escolástica medieval. Nessa esteira, o Concílio Vaticano I, realizado no período de 1869-1870, marcado pelo contexto de combate da teologia paologética católica à Modernidade, cujas proposições condenatórias atingem ao número de 80, em sua constituição dogmática sobre a revelação divina, intitulada *Dei Filius*,[24] propiciou uma relação epistemológica saudável entre fé e razão. Dessa forma, colocava-se fim ao fideísmo e ao racionalismo e assumia-se a necessidade da articulação entre fé e razão, sendo a última o canal de explicitação da primeira e esta a luz da última. Com isso, a *lumen rationis* explicitava a *fides*, iluminada pela *lumen fidei*. As filosofias modernas fundamentaram a teologia protestante, que, por sua vez, desenvolveu nova postura em relação à Escritura como forma de levar a cabo o princípio *solo scriptura*, esboçado por Martinho Lutero.[25]

No início da era contemporânea da história da teologia,[26] Leão XIII[27] considerou o pluralismo filosófico moderno e não encontrou nenhum substrato moderno capaz de dar sustentação à fé diante da emancipação da razão moderna. Por isso, retomou o tomismo como filosofia e teologia oficial da Igreja, argumentando que se tratava de um substrato sólido em sua época histórica e que é passível de ser utilizado na era contemporânea.[28] No bojo do pluralismo filosófico

---

[24] Cf. CONCÍLIO VATICANO I, Constituição dogmática *Dei Filius de fide catholica*, in *AAS* 5 (1869-1870), p. 481-493.

[25] Cf. FORTE, Bruno. "Teologia storica", in *La teologia come compagnia, memória e profezia. Introduzione al senso e al metodo della teologia come storia*. Paoline: Torino, 1987, p. 112-130; SESBOÜE, Bernard. "Dogme et Théologie dans lês temps modernes", in op. cit., p. 175-225.

[26] Cf. GONÇALVES, Paulo Sérgio Lopes. "O contexto teológico, a teologia do Concílio Vaticano II e suas consequências históricas", in *Notícia Bibliográfica e Histórica 201* (2006), p. 129-148.

[27] Cf. LEÃO XIII, Carta encíclica *Aeterni Patris. De philosophia christiana ad mentem S. Thomae Aquinatis in scholis catholicis instauranda*, in *Civiltà Catolica 30* (1879), p. 513-550.

[28] Cf. POZZO, Guido. "La Manualistica", in FISICHELLA, Rino (org.). *Storia della Teologia (III). Da Vitus Pichler a Henri De Lubac*. Dehoniane: Bologna, 1996, p. 109-134.

contemporâneo, destacou-se o movimento da hermenêutica, que se desdobrou nas dimensões epistemológica e ontológica. Na primeira, destacaram-se Friedrich Schleiermacher[29] e Wilhelm Dilthey,[30] que superaram a hermenêutica como conjunto de regras de interpretação textual e a apresentaram filosoficamente como epistemologia de compreensão e de interpretação histórica. Na segunda, o destaque originário é Martin Heidegger, que, na busca de superação da metafísica,[31] formulou a sua ontologia hermenêutica, tendo como obra pioneira *Sein und Zeit* de 1927,[32] e que, em certo sentido, a despeito de não tê-la terminado, aprofundou-a ao longo de sua vida. A partir deste filósofo de Marburgo, Hans Georg Gadamer e Paul Ricoeur formularam, a modo próprio, a sua ontologia hermenêutica. Gadamer elaborou sua grande obra *Wahrheit und Method* de 1960[33] formulando a hermenêutica estética, a hermenêutica histórica e a ontologia da linguagem que sustenta a verdade hermenêutica. Ricoeur em sua vasta obra, sintetizada em *Lê conflit des interprétations*, de 1969,[34] compreendeu a hermenêutica em textual, simbólica e da

---

[29] Cf. SCHLEIERMACHER, Friedrich. *Hermenêutica,* op. cit.

[30] Cf. DILTHEY, Wilhelm. *Psicologia e Compreensão,* op. cit.

[31] Cf. VON HERMANN, FriedrichWilhelm. *La metafisicia nel pensiero de Heidegger.* Tradução de Aniceto Molinaro. Urbaniana University Press: Roma, 2004, apresenta a ideia de que a superação ou destruição da metafísica no pensamento de Heidegger não deve ser considerada em seu sentido extremo. Trata-se de uma reabilitação da metafísica, compreendida a partir de seus dois inícios: sua pergunta-chave a respeito do ente e a pergunta sobre a história do ser. Desse modo, a metafísica deve ser vista à luz da unidade da história do ser, tendo a ontologia como sua fundação, a verdade compreendida em sua essência histórica e dinâmica e Deus a partir do evento do próprio *Dasein* que se desenvolve em seu aí histórico--existencial.

[32] Cf. HEIDEGGER, Martin. *Sein und Zeit.* Gesamtausgabe 2. Aos cuidados de Friedrich-Wilhelm Von Hermann. Vittorio Klostermann; Frankfurt am Main, 1977.

[33] Cf. GADAMER, Hans-Georg. *Verdade e método.* Vol. I, op. cit.; Idem. *Verdade e Método.* Vol. II., op. cit.

[34] Cf. RICOEUR, Paul. *Lê conflit des interprétations,* op. cit.

ação. A hermenêutica como epistemologia e como ontologia trouxe à tona uma nova forma filosófica de pensar o ser e tudo o que dele deriva, possibilitando a superação de verdades fixas em determinadas formas conceituais.[35]

Da retomada do tomismo surgiu o humanismo integral de Jacques Maritain, com inteira fundamentação em Tomás de Aquino e com configuração capaz de ser efetivamente um complexo imbuído de contemporaneidade. O humanismo integral articulou-se com as teologias da história do movimento *Nouvelle Théologie* presente na Escola de Saulchoir, em que se destacaram Yves Congar e Marie Dominque Chenu, e na Escola de Lyon, em que se desenvolveram os trabalhos de Henri De Lubac e Jean Daniélou. Nessas escolas teológicas, a filosofia tomista foi associada à hermenêutica histórica, tornando possível a emergência de temas atuais à teologia, tais como o ecumenismo, o diálogo inter-religioso, a relação da fé com o ateísmo e o caráter prático da teologia.[36] Na esteira dessa teologia da história situa-se o holandês Edward Schillebeeckx,[37] que formulou a sua teologia da experiência, apreendendo a consciência histórica da hermenêutica gadameriana e apresentando um complexo teológico capaz de compreender e interpretar de maneira mais correta possível a revelação cristã.[38] Deve-se recordar também da influência da hermenêutica nas teologias da história de cunho protestante, principalmente na escatologia histórica de Oscar Cüllmann[39] e na epistemo-

---

[35] GONÇALVES, Paulo Sérgio Lopes. "A hermenêutica na teologia contemporânea", in *Questões contemporâneas de teologia*. Paulus: São Paulo, 2010, p. 13-24.

[36] Cf. GIBELLINI, Rosino. "Il cammino della teologia cattolica. Dalla controvérsia modernista alla svolta antropologica", in *La teologia del XX secolo*. Queriniana: Brescia, 1992, p. 160-270.

[37] Cf. SCHILLEBEECKX, Edward. *História humana: Revelação de Deus*. Paulus: São Paulo, 1994.

[38] Cf. GONÇALVES, Paulo Sérgio Lopes. "A consciência histórico-hermenêutica na teologia contemporânea: aproximação entre Gadamer e Schillebeeckx", in *Religião e Cultura 14* (2008), p. 97-117.

[39] Cf. CÜLLMANN, Oscar. *Cristologia do Novo Testamento*. Tradução de Daniel

logia teológica de Wolfhart Pannenberg.[40] Aliás, este último autor é responsável por aprofundar o diálogo entre filosofia e teologia na elaboração da reflexão teológica sobre Deus e sobre o homem.[41]

Além disso, deve-se realçar também a importância do tomismo e da ontologia hermenêutica na configuração da teologia transcendental de Karl Rahner, cuja notabilidade da filosofia é claramente constatável e imprescindível e percorre todos os temas teológicos desenvolvidos por ele. Na esteira rahneriana está Johannes Baptiste Metz, que apreendeu a hermenêutica na formulação de sua teologia política como autêntica teologia fundamental.[42] Da teologia política surgiram outras teologias da práxis, cujo destaque principal merece a teologia da libertação latino-americana,[43] imbuída também de uma filosofia da libertação.[44]

Conforme o exposto, a relação entre filosofia e teologia é histórica e passou por etapas denotativas da subordinação da filosofia à teologia, da subordinação da teologia à filosofia e atualmente vive

---

Costa e Daniel de Oliveira. Líber: São Paulo, 2001.

[40] Cf. PANNENBERG, Wolfhart. *Wissenschaftstheorie und Theologie*. Suhrkamp Verlag: Frankfurt am Main, 1973.

[41] Cf. Idem. *Theologie und Philophie. Ihr Verhältnis im Lichte ihrer gemeinsamen Geschichte*. Vandenhoeck & Ruprecht: Göttingen, 1996.

[42] Cf. METZ, Johannes Baptiste. *Zur Thoelogie der Welt*. Matthias-Grünewald Verlag – Kaiser Verlag: Mainz – München, 1968; Idem. *Glaube in Geschichte und Gesellschaft. Studien zu einer praktischen Fundamentaltheologie*. Matthias-Grünewald Verlag: Mainz, 1977.

[43] Cf. GONÇALVES, Paulo Sérgio Lopes. *Liberationis Mysterium. O projeto sistemático da teologia da libertação à luz da regula fidei*. PUG: Roma, 1997; Idem. "Teologia da libertação: um estudo histórico-teológico", in SOUZA, Ney de (org.). *Temas de teologia latino-americana*. Paulinas: São Paulo, 2007, p. 167-209; GUTIÉRREZ, Gustavo. *Teología de la liberación. Perspectivas*. Sígueme: Salamanca, 1972; Idem. *La verdad os hara libres*. Sígueme: Salamanca, 1990.

[44] Cf. DUSSEL, Enrique. *Método para uma filosofia de la liberación. Superación analética de la dialéctica hegeliana*. Sígueme: Salamanca, 1974; Idem. *Filosofia de la liberación*. Edicol: Ciudad del México, 1977; SCANONNE, Juan Carlos. *Nuevo punto de partida de la Filosofia Latinoamericana*. Editorial Guadalupe: Buenos Aires, 1990.

o momento do diálogo rumo à efetiva aliança. Mas como se realiza esse diálogo de aliança? Qual é a função específica da filosofia em relação à teologia? E o que é propriamente teologia e qual sua função específica em relação à filosofia? Estas pertinentes perguntas se apresentam nas concepções de Martin Heidegger e Karl Rahner, especialistas no tema da relação entre filosofia e teologia, sendo que cada qual, ainda que haja proximidade entre ambos, possui sua maneira específica de pensar a questão.

3. A filosofia como ciência ontológica corretiva na relação com a teologia

Em 1927 Martin Heidegger proferiu uma conferência intitulada "Phänomenologie und Theologie"[45] em Tübingen e a apresentou novamente em Marburgo em 1928, na qual desenvolveu a relação entre filosofia e teologia. À época Heidegger estava ainda imerso, em certo sentido, no horizonte da teologia. Justifica essa posição o fato de que, além da influência dos jesuítas quando estudava teologia e da tese de livre docência sobre Duns Scotto,[46] Heidegger desenvolveu um curso "Phänomenologie des religiösen Lebens" no período de 1920 a 1921,[47] pronunciou uma conferência a estudantes de teologia ligados a Rudolf Bultmann sobre o Conceito de Tempo em 1924[48] e ministrou um curso sobre história da filosofia no período

---

[45] Cf. HEIDEGGER, Martin. "Fenomenologia e Teologia", op. cit.

[46] Cf. HEIDEGGER, Martin. *Frühe Schriften (1912-1916)*. Gesamtausgabe 1. Aos cuidados de Friedrich-Wilhelm von Hermann. Vittorio Klostermann: Frankfurt am Main, 1978.

[47] Cf. HEIDEGGER, Martin. *Phänomenologie des Religiösen Lebens*. Gesamtausgabe 60. Aos cuidados de Mathias Jung, Thomas Regehly e Claudius Strube. Vittorio Klostermann: Frankfurt am Main, 1995.

[48] Cf. HEIDEGGER, Martin. *Der Begriff der Zeit*. Gesamtausgabe 64. Aos cuidados de Friedrich-Wilhelm von Hermann. Vittorio Klostermann: Frankfurt am Main, 2004.

de 1926 a 1927,[49] em que teve como ponto de partida a ontologia de Tomás Aquino, considerado um ícone do pensamento sobre o ser, chegando até Kant, exemplo de ápice da razão moderna. Além disso, recorda-se também que Heidegger jamais deixou de conceituar a filosofia como ontologia[50] e resgatar a sua função científica na história do pensamento. Com isso, buscou superar o conceito tradicional de metafísica, equiparado à ontoteologia,[51] cuja crítica realça a filosofia

---

[49] Cf. Idem. *História da Filosofia. De Tomás de Aquino a Kant.* Tradução de Enio Paulo Giachini. Vozes: Petrópolis, 2009.

[50] Cf. Idem, Ibidem, p. 7-48.

[51] Cf. Idem. "A constituição onto-teológica da metafísica", in Heidegger. Coleção Os Pensadores. Tradução de Ernildo Stein. Abril Cultural: São Paulo, 1991, p. 149-162. Para destacar o caráter onto-teológico da metafísica, Heidegger toma como ponto de partida Hegel, colocando-o em confronto com seu próprio pensamento. Assim sendo, esclarece que o objeto do pensamento para Hegel é o pensamento absoluto e para ele é a diferença em sua qualidade de diferença. Para Hegel, a medida para o diálogo com a história do pensamento é a entrada na força e no âmbito do que foi pensado pelos primeiros pensadores, enquanto que para Heidegger é o impensado pensado na tradição, pois somente o já pensado prepara o impensado. Para Hegel o caráter desse diálogo é o sobressumir – Aufhebung – enquanto compreensão mediadora no sentido de fundação absoluta; para Heidegger é o passo de volta que aponta para o âmbito, a partir do qual a essência da verdade se torna digna de ser pensada. Isso posto, o filósofo de Marburgo apresenta o passo de volta como o esquecimento da diferença, enquanto salto para dentro do que deve ser pensado; é o velamento da diferença que se desvela na abertura do ser na história. Dessa forma, a metafísica historicamente se constitui de teologia, no sentido grego antigo, e de ontologia em sua perspectiva moderna. Em ambas as situações, a metafísica, especialmente vista hegelianamente, se tornou lógica, oriunda do logos, cuja história é profunda no ocidente. A metafísica então está fundada no ser como logos que funda o ente, que por sua vez, fundamenta o ser. Com isso, "um sobre--vém ao outro, um ad-vém no outro. Sobrevento e advento aparecem mutuamente enviscerados no re-flexo que os opõe" (p.160). A de-cisão daí emergente é circular de ser e ente, um em torno do outro. Pela de-cisão denotativa de unidade unificadora, a metafísica é simultânea e unitariamente ontologia e teologia, porque seu pensamento se engaja na diferença qualificada como impensada. Dessa maneira, o Deus entra na filosofia não a partir da profissão de fé, mas a partir da essência da metafísica, cuja marca é a de-cisão que manifesta a diferença entre ser e ente. Esta diferença é a base da essência da metafísica. A de-cisão, por sua vez, coloca como

como ontologia hermenêutica, deveras aberta à nova época histórica em que se situa o pensamento filosófico atual.

Segundo Heidegger, a relação entre filosofia e teologia deve ser vista à luz da história do ocidente cristão, porque se trata de uma filosofia que se cunhou no ocidente e de uma teologia de perspectiva cristã. Por isso, ambas devem ser concebidas à luz da respectiva visão de mundo e não sob o prisma de uma sobre a outra, além da perspectiva científica presente em ambas. Por ciência, Heidegger entende o ato de desvelar originariamente uma região do ente, ou do ser, que se encontra fechada em si mesma, em virtude do próprio ato de desvelamento. Cada região é contida de objetos, em função de seu caráter objetivo e do modo de ser dos objetos, e imbuída de um modo específico de desvelamento, demonstração, fundamentação e cunhagem dos conceitos que dão forma ao conhecimento que daí emerge. Entendida dessa forma, a ciência compreende uma possibilidade do aí do ser, implicando em duas possibilidades fundamentais de ciência: a ôntica e a ontológica. A ciência ôntica é a ciência do ente que toma como tema um ente previamente dado, desvelado anteriormente ao desvelamento da ciência. Ela é também chamada de ciência positiva, pois o ente previamente dado que fora tomado é uma espécie de *positum*. Sua característica principal reside no fato

---

resultado e oferece o ser enquanto fundamento a-dutor e pro-dutor que necessita da causa pela coisa originária. É a isto que Heidegger denomina causa sui, considerado por ele como nome adequado ao Deus na filosofia. A este Deus, o homem não reza, não sacrifica, não genuflexa e nem toca música e dança diante dele. Por isso, o pensamento livre e a-teu que abandona o Deus da filosofia como causa sui é o pensamento mais livre e quiçá mais próximo do Deus divino. Por isso, o passo de volta e todas as suas implicações – volta para dentro da essência da metafísica, para o esquecimento da diferença, para o ocultamento subtraído da de-cisão – significa que novos caminhos poderão ser abertos, especialmente quando se defronta com as novidades atuais presentes na técnica moderna e seu desenvolvimento aparentemente inacabável. Nesse sentido, a metafísica possui uma linguagem que não corresponde a tais novidades, exigindo da filosofia uma nova forma de ser, capaz de elaborar uma nova linguagem, cujas línguas emergentes denotem a nova tarefa do pensar filosófico na era contemporânea.

de qual orientação objetiva é destinada diretamente ao ente, na qualidade de uma progressão de postura pré-científica já existente em relação a tal ente. A ciência ontológica é a filosofia, cuja necessidade é um novo olhar para o ente. Esse olhar é efetivado pelo ser que faz do ente algo sempre visado. Ora, a relação entre filosofia e teologia é, então, uma relação entre uma ciência ontológica e uma ciência ôntica, uma ciência que se refere ao ser e outra que se refere a seu *positum*. E o *positum* da teologia é a fé a ser pensada na qualidade de uma ciência do homem que se dirige ao próprio homem.[52]

Ao esclarecer a respectiva instância em que se coloca a filosofia e a teologia, Heidegger estabelece três aspectos decisivos no estabelecimento da relação dessas duas ciências: a positividade da teologia, a cientificidade da teologia e a relação da teologia, como ciência positiva, com a filosofia na qualidade de ciência ontológica.

A afirmação da positividade da teologia[53] requer levantar a pergunta: quem está aí para a teologia? Ao responder que é a fé o *positum* da teologia, recorre-se ao caráter previamente dado da teologia, a saber: o Cristianismo. A teologia é uma ciência de fé que está intimamente relacionada ao Cristianismo, visto como uma religião histórica e que em sua história estabeleceu um núcleo que lhe é próprio e identificador: a fé em Cristo. É essa fé que interpela e provoca o homem, possibilitando a sua regeneração ou renascimento, ligando-o a uma comunidade que também professa a fé. E o que possibilita essa comunidade professar a fé é que a fé é um modo de existência do *Dasein* humano que se temporaliza a partir daquilo que nele mesmo se revela e se cria. A temporalização pertence ao ente que, no caso da fé cristã, é o Cristo, o Deus crucificado, cuja relação entre a fé e a cruz é determinada pelo Cristo, e por isso mesmo é uma relação cristã.

---

[52] Cf. Idem. "Fenomenologia e Teologia", op. cit., p. 58-61. Sobre o significado da ciência e do pensamento sentido veja: Idem. "Ciência e pensamento de sentido", in *Ensaios e Conferências*. Vozes – São Francisco: Petrópolis – Bragança Paulista, 2002, p. 39-60; Idem. "Filosofia e Ciência", in *Introdução à Filosofia*. Tradução de Marco Antonio Casanova. Martins Fontes: São Paulo, 2008, p. 15-244.
[53] Cf. Idem. "Fenomenologia e Teologia", op. cit., p. 62-65.

E por ser cristã é histórica, imbuída de historicidade a partir da fé, pois somente é possível saber dessa relação mediante a fé. E essa fé é transmitida não enquanto transmissão de conhecimentos acerca de acontecimentos reais do passado ou do próprio futuro – no caso de uma visão apocalíptica da fé –, mas enquanto essa transmissão é imbuída de sentido, proporcionando que os que aderem à fé se tornem participantes do evento denominado revelação. Essa participação somente é possível no existir dado como fé e pela fé, elemento fundamental na existência cristã. Ninguém pode aderir à fé teoricamente, mas somente pela possibilidade existencial de renascimento, compreendido como modo de existir histórico do próprio *Dasein* facticamente crente no interior da história. Esse renascimento inicia-se como evento da revelação, cujo fim extremo – a crucificação – já foi imposto. Essa imposição é também dependente da fé, porque a fé não é apenas um modo de conhecimento diversificado sobre algo acontecido, mas é o acontecimento cristão à medida que se apropria mesmo da revelação. Por isso, "a fé é um existir credulamente compreensivo no interior da história que se revelou, isto é, que aconteceu com o crucificado".[54] O crucificado é o ente, cujo todo desvelado pela fé pertence ao nexo originário do que fora revelado, e constitui previamente a positividade da teologia. Mas a teologia desenvolve o seu *positum* a partir da fé, tematizando-a e recepcionando aquilo que é propriamente revelado. Por isso, a teologia não se esgota em um sistema puramente racional, mas ela se preenche e se produz a partir da fé que se identifica com a história, cuja contribuição recebe também da teologia tanto para dar sentido a si mesma quanto para aprofundar o sentido da fé.

A compreensão da cientificidade da teologia[55] se inicia com a afirmação de que a teologia é uma ciência da fé. Isso significa afirmar que a teologia é ciência daquilo que se desvela na fé – que é aquilo em que se crê – e é uma ciência da conduta do crente, uma

---

[54] Idem, Ibidem, p. 64.
[55] Cf. Idem, Ibidem, p. 65-71.

vez que não pode e nem se deve prescindir da credulidade. É ainda uma ciência que brota da fé à medida que é motivada pela própria fé, e é também uma ciência historiológica, porque explicita o caráter histórico da existência cristã do ser aí cristão. No desenvolvimento de seu caráter historiológico, a teologia retoma as suas vertentes sistemática e prática. Com isso, ela nega ser uma ciência de um saber flutuante, aplicado desvinculadamente da história efetiva em que vive o homem.

A afirmação de que a teologia é uma ciência historiológica é a afirmação da própria existência cristã que se refere ao existir humano, enquanto experiência da credulidade. Nesse sentido, a teologia é interpretação conceitual da existência cristã denotativa de caráter historiológico, sistemático e prático. Ela é historiológica porque assume para si o caráter histórico e a historicidade existencial do *Dasein*, possibilitando que o evento cristão seja sempre atualizado, imbuído de sentido temporalizado para o "agora" do homem.[56] É sistemática não porque se desenvolve como um sistema conceitual, constituído de enunciados formais estabelecidos e imutáveis. Sua tarefa, enquanto teologia sistemática, é conceber o acontecimento cristão em seu conteúdo objetivo e modo de ser específico, conforme a luz condutora da fé. Nesse sentido, quanto mais a teologia sistemática for historiológica, maior será sua capacidade de dar unidade entre o evento revelado historicamente e o sentido da credulidade de quem prática a fé na atualidade, em busca do sentido de sua própria existência. Aí reside o caráter filosófico da teologia sistemática, porque não apresenta propriamente o emprego de uma filosofia, mas reflete conceitualmente o modo de ser "coisal" do ente que se

---

[56] Cf. Idem. *Der Begriff der Zeit,* op. cit., descreve o agora como tempo que se identifica com o *Dasein*. Por isso, o agora é o instante presentificado, constituído do passado retomado e do futuro antecipado. A decisão do *Dasein* é fruto de sua imersão no mundo, no qual experimenta a angústia, o medo, a ocupação, a morte como um horizonte de encerramento de possibilidades, o porvir antecipado na decisão, o cuidado no e com o cotidiano visando dar-lhe sentido histórico--existencial.

transforma em seu objeto de investigação. Ao desenvolver-se como teologia sistemática de caráter historiológico, a teologia é também prática. E isto porque a autointerpretação da existência cristã é tolhida de sentido propriamente cristão se não incidir em termos práticos. E o caráter prático da teologia reside em seu desdobramento como homilética e catequese, pelas quais se torna unicamente possível ser teologia prática que reflete a existência cristã em sua efetiva temporalidade. Dessa forma, o caráter historiológico, sistemático e prático da teologia constitui uma unidade fundamental, sem a qual a teologia não é propriamente teologia.[57]

Conforme o exposto, a cientificidade da teologia está em que ela é historiológica, sistemática e prática, enquanto constitui uma unidade científica. Por isso, a teologia não é conhecimento especulativo de Deus, porque Deus, como tal, não é e nem pode ser objeto de investigação teológica, conforme é um ente qualquer em outra ciência. Tampouco a teologia deve ser vista como uma investigação filosófica ou histórica ou científica da religião ou ainda uma investigação psicológica do homem em relação a seu caráter religioso. Também a teologia não é uma filosofia da religião ligada à religião cristã e ao caráter histórico da Igreja que sustenta como Comunidade de fé. Ademais, não se pode determinar o caráter científico da teologia por intermédio do método científico de outras ciências, ainda que se possa admitir o diálogo da teologia com outras ciências. Assumir um desses caminhos metodológicos seria um suicídio científico da própria teologia, porque perderia sua identidade presente em sua capacidade de evidenciar demonstrativamente os seus enunciados a partir de si mesma. Essa evidência demonstrativa da teologia a partir de si denota que sua fundamentação primária está na fé, ainda que haja necessidade de se apoiar em edifícios da razão autônoma. E isto porque a teologia emerge da fé e em seu percurso se volta e se lança para a fé, afirmando-se como ciência ôntica da fé

---

[57] Idem. "Fenomenologia e Teologia", op. cit., p. 69: "A teologia só é sistemática se for prático-historial. A teologia só é historiológica se for prático-sistemática. A teologia só é prática se for historiológico-sistemática".

que, mediante a história, a sistemática e a prática, constitui-se como teologia científica.

Ora, ao afirmar o caráter positivo e científico da teologia, pergunta-se: qual é então a sua relação com a filosofia? Ou ainda: considerando que a teologia é uma ciência positiva da fé, há necessidade de relacionar-se com a filosofia?

A afirmação sobre a necessidade da filosofia se relacionar com a teologia[58] só é possível quando a referência é a ciência teológica e não a fé. Pois a fé não precisa da filosofia e nem a filosofia desenvolve o seu trabalho em relação à fé. Enquanto ciência ontológica, a filosofia só pode se relacionar com a ciência ôntica e, neste caso, com a teologia em sua qualidade de ciência da fé. E esta relação não é propriamente referente ao si mesmo da teologia, mas ao ente que lhe é previamente dado. Pois o caráter pré-científico da teologia, isto é, o ente antes da conotação de fé, possui uma previedade histórico--existencial que constitui a sua própria compreensão existencial. A pré-compreensão é um elemento fundamental e imprescindível no processo de compreensão e de interpretação, porque possibilita visualizar a estrutura existencial prévia do ente que será assumido na perspectiva da fé, quando a teologia iniciar o seu desenvolvimento. Justifica-se sua importância pelo fato de que nenhum conceito fundamental pode ser desenvolvido em uma fundação própria e um olhar único e exclusivamente para si mesmo. Todo conceito fundamental necessita de uma precisão que só pode ser concedida pela ontologia, cuja função é abrir o próprio conceito para uma estrutura imbuída de previedade, de instante e de prospectiva. Dessa forma, os conceitos teológicos não estão isentos de temporalidade, de história e de historicidade existencial. Eles são constituídos pelo desenvolvimento de um *Dasein* pré-cristão, cuja superação está em sua co-implicação com o que se desdobra em termos cristãos. O *Dasein* pré-cristão se desenvolve em uma nova disposição, denominada cristã, emergente também pela determinação pré-cristã.

---

[58] Cf. Idem, Ibidem, p. 72-78.

É no movimento do *Dasein* de pré-cristão para cristão que se encontra a função da filosofia na teologia. A filosofia emerge não para substituir a teologia, mas para servir de ontologia que corrige as imprecisões científicas da teologia. Enquanto ciência ontológica, a filosofia possui a função de corrigir o conceito existencial emergente do conteúdo pré-cristão. Dessa forma, a filosofia serve como um "corretivo do conteúdo ôntico, isto é, pré-cristão, dos conceitos teológicos fundamentais".[59] No entanto, não se trata de uma correção fundante, conforme ocorre nas ciências naturais e matemáticas, mas de uma correção indicativa no que se refere à região do ser, na qual todo conceito deve ser mantido enquanto conceito existencial. A correção indicativa é, então, liberadora e instrutiva para a descoberta adequada e específica dos conceitos teológicos desde sua origem. A filosofia se manifesta então como acompanhante, orientadora e corretiva da teologia, por estar imbuída de potencial livre para questionar, possibilitando à teologia melhor precisão conceitual ou epistemológica e, por conseguinte, cientificidade. Essa função da filosofia é vinculada à ontologia que possibilita a abertura existencial à fé cristã ou a qualquer outra opção e desenvolvimento científico. Nesse sentido, a filosofia se manifesta à teologia para possivelmente formar uma comunidade científica, constituída de caráter ontológico e ôntico. Por isso, não é possível afirmar uma filosofia cristã ou uma teologia com denominação filosófica, porque se perderia a identidade de cada ciência e o sentido da unidade entre ambas. Todavia, a função da filosofia na relação com a teologia é ser o corretivo que torna possível estabelecer nexos ontológicos da região do ente e, partindo das exigências e do horizonte da teologia, enquanto ciência ôntica, suscitar a constituição originária do ser do ente, cuja perspectiva é continuar sendo seu objeto teológico e tornar-se eminentemente novo. Com este processo, a relação é de comunicação entre as duas ciências, cujo vir a ser é o questionar mútuo expresso como ôntico-positivo e ontológico-transcendental, guiado pelas necessidades da própria cientificidade que se apresenta nesta relação.

---

[59] Idem, Ibidem, p. 75.

4. A filosofia como elemento interno constitutivo da teologia

Karl Rahner publicou a sua tese doutoral em filosofia, intitulada *Geist in Welt*, no ano de 1939,[60] sem que fosse reconhecido doutor. Assumiu o caminho da teologia, doutorou-se em teologia e com uma sólida formação tomista em termos filosóficos e teológicos, tendo seguido de perto e buscado ultrapassar os ensinamentos de Joseph Marechal,[61] abriu-se ao diálogo com os diferentes horizontes da filosofia e de outras ciências e proporcionou a virada antropológica em teologia, provavelmente uma das maiores revoluções epistemológicas na teologia contemporânea. Sua obra é vastíssima e encontra-se condensada nos 16 volumes de seus *Schriften zur Theologie*, no livro *Hörer des Wortes* de 1941[62] e na síntese final de sua obra *Grundkurs des Glaubens* de 1976.[63]

Este teólogo fundou a teologia transcendental, efetivada pelo método transcendental e oriunda da articulação entre teologia e antropologia, com fundamentação na filosofia. Por transcendental, ele entendia ser a condição da possibilidade e, enquanto estrutura do espírito finito no mundo, é estrutura *apriori* do espírito humano. O homem, por sua vez, se abre à diversidade experimental da própria transcendência na história, sendo *de per si* capaz de ascultar a palavra transcendental, porque ele mesmo é transcendental. A partir dessa

---

[60] Cf. RAHNER, Karl. *Geist in Welt: Zur Metaphysik de endlichen Erkenntnis nas Thomas von Aquin.* Kösel: München, 1939.

[61] Cf. MUCK, Otto. "Fundamentos Filosóficos da Teologia de Karl Rahner", in *Revista Portuguesa de Filosofia 60* (2004), p. 369-391. Nesse texto, o autor afirma que Karl Rahner foi influenciado por Joseph Marechal e por Martin Heidegger. Joseph Marechal era jesuíta e buscou sintetizar Tomás de Aquino e Kant apresentando uma forma própria de conhecimento, caracterizando-se como um continuador crítico de Kant. Rahner, por sua vez, apreendeu bem a filosofia de Marechal, mas também recepcionou o método fenomenológico de Heidegger com o qual identificou seu método transcendental, oriundo da influência desses dois filósofos contemporâneos.

[62] Cf. RAHNER, Karl. *Hörer des Wortes,* op. cit.

[63] Cf. Idem. *Grundkurs des Glaubens.* Herder: Freiburg im Breisgau, 1976.

estrutura antropológica, o homem é visto como constituído do *aposteriori categorial* e do *apriori transcendental*. Ambos são elementos constitutivos do espírito finito no mundo. Os dois constituem o homem em sua estrutura fundamental. Dessa forma, a experiência finita do homem o conduz a um horizonte infinito, à busca da experiência da absoluta verdade e da responsabilidade, os quais remetem esse mesmo homem ao absoluto. Aí se realiza no homem a experiência radical do amor e da fidelidade que o remete ao incondicionado. Em seu nível fundamental, a dimensão transcendental da experiência humana é a abertura do espírito finito ao infinito. Isso define a transcendentalidade do homem não como Transcendência, mas como estrutura *apriorística* do espírito humano no mundo, cuja articulação dos polos do *aposteriori* e do *apriori* são imprescindíveis e fundamentais na constituição antropológica.[64]

É na relação entre teologia e antropologia para formular sua teologia transcendental que Karl Rahner estabelece a relação da filosofia com a teologia. A filosofia é também caracterizada como transcendental e serve de mediação – hermenêutica – para compreender o homem e o mundo em que está situado. Dessa forma, ela é colocada como um pressuposto transcendental da própria atividade teológica, uma vez que ela demonstra que o homem em sua finitude, temporalidade e historicidade, marcado permanentemente por ameaças e obscuridades, está situado no horizonte da orientação para o absoluto. Trata-se aqui de compreender a metafísica do ser enquanto é condição de possibilidade da experiência do ser humano no mundo e ao mesmo tempo abertura à possível revelação de Deus.[65]

Diante do exposto, cabe perguntar: de que modo Rahner consegue visualizar a filosofia como elemento interno constitutivo da teologia? A relação entre filosofia e teologia é estabelecida por Rahner a partir da pertinência e da relevância contemporânea. Seu interesse não é apontar eruditamente o modo como essa relação se efeti-

---

[64] Cf. Idem. "Riflessioni sul metodo della teologia", op. cit.
[65] Cf. Idem. "O Ouvinte da Palavra", op. cit.

vou historicamente, mas o modo como essa relação pode e deve ser estabelecida na contemporaneidade, visando formular sua teologia transcendental, na qualidade de uma teologia eficaz à atualidade. Por isso, em seu artigo referente à atual relação entre filosofia e teologia,[66] Rahner parte da universalidade da teologia, conceituando-a como a reflexão que o homem faz sobre a revelação de Deus ocorrida em Jesus Cristo e, por consequência, sobre a fé eclesial. Ora, pensar teologicamente a revelação de Deus implica em pensá-la no horizonte do mundo e do homem. É isso o que significa o caráter universal da revelação de Deus e se difere do caráter categorial do antigo e do novo testamento. Essa revelação universal denota a presença de Deus na vida do homem, e, por conseguinte, a reflexão daí emergente é antes de tudo filosófica, porque a teologia só é possível quando há uma compreensão do homem em sua globalidade de fé. Nesse sentido, a elaboração teológica não pode prescindir da filosofia, porque na própria filosofia há um conteúdo imbuído de caráter sobrenatural à medida que se concebe o transcendental como *apriori* infinito presente no homem. Por isso, a filosofia não pode ser simplesmente a *ancilla* da teologia ou, como se fez na Modernidade, ser colocada acima da teologia. Considerando a revelação universal de Deus, cuja característica é a manifestação de Deus na globalidade do mundo e da realidade histórico-existencial do homem, a filosofia é, então, *partner* da teologia, legítima em sua realização, não apenas como teodiceia natural, mas principalmente quando possibilita à teologia penetrar o mundo e o homem, visualizando o Espírito de Deus. Desse modo, a relação de aliança da filosofia com a teologia propicia à teologia superar o positivismo e trazer à tona aquilo que é pecaminoso, que é sobrenatural e está escondido no homem e no mundo.[67]

A concepção da revelação universal de Deus propicia perguntar: o que é a filosofia?[68] Por sua maneira de pensar a fé, Rahner

---

[66] Cf. Idem. "Sul rapporto odierno tra filosofia e teologia", op. cit.

[67] Cf. Idem, Ibidem, p. 95-101.

[68] Cf. Idem, Ibidem, p. 102-110.

define a filosofia a partir da constituição dogmática sobre a revelação divina e a fé católica, *Dei Filius* do Concílio Vaticano I, entendendo-a como razão natural pela qual é possível também alcançar não só a compreensão do homem e do mundo, mas também a compreensão de Deus. Ocorre que, para Rahner, Deus não é um objeto prisioneiro da teologia, mas compreendido em seu mistério; Deus é passível de conhecimento também pela via da filosofia. E isto porque, considerando a concepção de revelação universal de Deus, necessária é a compreensão que a teologia deve ter acerca do homem, tornada possível mediante a filosofia, cujo desenvolvimento propicia alcançar o conhecimento do mistério de Deus. Esse conhecimento não difere o Deus dos filósofos do Deus bíblico, mas afirma a unicidade de Deus à luz da soteriologia. Em outros termos, o Deus conhecido pela filosofia é o Deus da salvação. Isso significa afirmar que é possível conhecer a Deus fora da via teológica e mediante a filosofia, sem que isso implique em separação ou paralelismo entre filosofia e teologia. São dois saberes que devem estar unidos no que se refere ao conhecimento de Deus, porque a possibilidade de formas distintas de conhecimento possibilita visualizar o conhecimento pelo caráter explícito da fé e pelo caráter implícito da fé presente na filosofia. Não se pretende com isso afirmar que a filosofia é imbuída de fé religiosa, mas que a fé e a graça se apresentam também nas realidades que não são confessionais. Dessa forma, a unidade entre filosofia e teologia consiste em que a teologia alarga sua possibilidade de visão quando se apropria da filosofia, mesmo se considerar a realidade plural da era contemporânea da filosofia. Aliás, o pluralismo filosófico possibilita também um pluralismo teológico,[69] porque a teologia

---

[69] Cf. RAHNER, Karl. "Il pluralismo teologico e l'unità della professione di fede nella Chiesa", in *Nuovi Saggi (IV)*, op. cit., p. 11-40. Neste artigo, Rahner supera uma possível oposição entre pluralismo teológico e unidade de profissão de fé, admitindo que o pluralismo é o clima contemporâneo que paira também na teologia. Esta, por sua vez, é passível de realidade plural, porque em sua história já viveu o pluralismo das escolas teológicas e vive atualmente um pluralismo qualitativamente novo, em todos os seus âmbitos, destacando-se da exegese, da

séria não pode deixar de pretender compreender o mundo em que o homem está situado, para inferir o seu conceito de Deus. E, para isso, necessita da filosofia, cuja contemporaneidade tornou-a plural e planetária sem pertença exclusiva a uma única cultura. Isso significa que aquela concepção oriunda do Papa Leão XIII, de que o tomismo seria a única filosofia e teologia a ser apreendida pelos cristãos, é passível de complementaridade e aperfeiçoamento.[70]

Para Rahner, a teologia que se pretende ser contemporânea há de ser plural e, em seu relacionamento com a filosofia, há de abrir-se também ao relacionamento com as outras ciências.[71] Se nas eras

---

história e da sistemática. Esse novo pluralismo supera a possibilidade de resultados definitivos e encerrados em uma única forma de teologia, exige dinamismo existencial do teólogo, uma nova linguagem, cuja regulação de fé seja-lhe consoante a sua contemporaneidade histórica. Além disso, o pluralismo teológico não significa indiferença à unidade de profissão de fé e ao magistério eclesiástico, mas implica em maior confiança a ser dispensada aos teólogos, incumbindo-lhes a tarefa de efetivar a criatividade conservando a fé, sem que ela deixe de ser contemporânea à época histórica atual. Isso implica também que os teólogos deverão ser menos dogmáticos, mais críticos e inspiradores de uma prática pastoral convergente com as necessidades históricas, em evidente explicitação de atualização da fé.

[70] Idem. "Riconoscimento a Tommaso D'Aquino", in *Nuovi Saggi (V)*, op. cit., p. 9-21. Neste texto, Rahner comenta a carta encíclica de Leão XIII em que retoma o tomismo como filosofia e teologia oficial da Igreja, realçando o valor de Tomás de Aquino em sua época, em clarividente conotação de contemporaneidade. Com isso, Rahner valora Tomás como um padre da Igreja, conforme o conceito patrístico de padre da Igreja, bem como explicita o caráter atual de sua filosofia e teologia, principalmente pelo fato de Tomás de Aquino ter sabido dialogar com outros mundos de pensamento, firmar-se como um pensador sistemático de coragem, autocrítica e pensamento amplo. Além disso, sua teologia mostrou-se como uma teologia místico-espiritual, porque o pensador angélico rezava toda a ciência de fé que elaborava, imbuída de historicidade do homem e de relacionamento da fé com o mundo profano.

[71] Cf. Idem. "Sul rapporto odierno tra filosofia e teologia", op. cit., p. 110-118; Idem. "Riflessioni teologiche sulla secolarizzazione e sull'ateismo", in *Nuovi Saggi (IV)*, op. cit., p. 226-252. Nessa perspectiva, pode-se afirmar a tese dos cristãos anônimos, a qual se refere à recepção da revelação universal de Deus mesmo sem haver profissão de fé.

anteriores à contemporânea a teologia se relacionava exclusivamente com a filosofia, em função de determinada totalidade abarcada pelo pensamento filosófico; ora, no contexto atual, emerge a necessidade do diálogo com outras ciências, principalmente com as ciências naturais que proporcionaram uma grande gama de conhecimentos nas últimas décadas e, em grau menor e não isento de relevância, com as ciências sociais.[72] A relação da teologia com as ciências pode ser realizada de forma direta, sem a explícita mediação da filosofia, mas deve trazer à tona as implicações propriamente teológicas presentes nas ciências e a consciência metafísica delas, que é própria da filosofia. Essa relação se justifica porque a teologia deve compreender o mundo e o homem contemporâneo, com instrumentos adequados. Mas a relação com as ciências não isenta a teologia de sua relação com a filosofia, cujo caráter histórico é maior do que aquele da teologia com as ciências. A relação da teologia com a filosofia abarca uma totalidade que é intrínseca também nas ciências, pois o que leva o homem a mergulhar em si mesmo, a aprofundar a sua existência, é denominado de filosofia. A compreensão desta profundidade do homem e do mundo em que habita é algo que compete à filosofia, possibilitando sua proximidade com a teologia. E isto porque se a teologia exprime a compreensão de Deus à luz da fé, e a fé por sua vez está inteiramente relacionada com o mundo, então a compreensão do mundo, que se relaciona à fé, só pode ser possível por meio da filosofia. Há então uma mundanização da filosofia, tornada apropriada à compreensão do homem; e, embora não seja sua função

---

[72] Essa visão rahneriana deve-se ao fato de que o século XX foi palco de abertura da teologia às ciências naturais, especialmente pelo legado deixado por Pierre Theillard de Chardin às ciências humanas, principalmente na teologia da libertação latino-americana em relação às ciências sociais e em alguns modos de produção teológica em relação à psicologia. O que Rahner não teve tempo de perceber foi a abertura da teologia à física quântica e à nova biologia, especificamente com Jürgen Moltmann para se elaborar uma teologia ecológica. Para sinalização dessa abertura veja GONÇALVES, Paulo Sérgio Lopes. *Da possibilidade de morte à afirmação da vida. A teologia ecológica de Jürgen Moltmann*. Unisinos: São Leopoldo, 2006.

explicitar a revelação de Deus, ela traz à tona tal revelação.⁷³ Cabe à teologia refletir sobre a revelação de Deus a partir dos dados da filosofia e daqueles fornecidos pelas outras ciências, considerando a preponderância do caráter metafísico do homem presente também nas ciências.⁷⁴

O olhar rahneriano para a relação entre filosofia e teologia possui a preponderância da teologia, compreendida por ele como ciência do mistério de Deus, cujo desdobramento se dá na própria fé, que é o ato original do abandono do homem ao próprio mistério. O mistério, porém, não é sinônimo de segredo, mas de elemento escondido que se revela na história do homem. Dessa forma, o mistério é *mistéryum absconditus et revelatus* que não se descuida do caráter histórico-existencial do homem, com seus dramas e suas decisões, e nem do modo como Deus age e se relaciona com o próprio homem. Assim sendo, a teologia como ciência de fé concebe a revelação de Deus em sua totalidade, denotativa da articulação entre graça e história.⁷⁵ Por isso, a teologia não pode prescindir da filosofia como seu elemento interno que possibilita compreender o mundo

---

⁷³ Cf. OLIVEIRA, Manfredo Araújo de. "'É necessário filosofar na teologia': unidade e diferença entre filosofia e teologia em Karl Rahner", in OLIVEIRA, Pedro Rubens F. de – PAUL, Claudio (orgs.). *Karl Rahner em perspectiva*. Loyola: São Paulo, 2004, p. 201-218. Nesse texto, o filósofo brasileiro defende a tese de que para Rahner a filosofia é um momento interno da teologia. Por isso, aponta a diferença e a unidade entre filosofia e teologia, articula a relação entre graça e natureza, afirma a relação entre revelação e teologia e destaca a filosofia como uma *praeparatio evangelii*. Ademais, define a filosofia como pressuposto transcendental da atividade teológica, uma vez que a verdadeira filosofia é a transcendental, pela qual se compreende o homem como sujeito transcendental, e por conseguinte livre e responsável, aberto ao mistério denominado Deus.

⁷⁴ Cf. RAHNER, Karl. "La teologia nel dialogo interdisciplinare delle scienze", in *Nuovi Saggi (V)*. Tradução de Carlo Danna. Dehoniane: Bologna, 1975, p. 118-137. Neste artigo, Rahner parte do pressuposto de que a teologia, enquanto ciência de fé, não deve prescindir do diálogo com outras ciências, mas tampouco deve refutar sua autonomia científica em função da interdisciplinaridade.

⁷⁵ Cf. Idem, "Grazia e mondo", in *Nuovi Saggi (VII)*. Tradução de Carlo Danna. Paoline: Roma, 1981, p. 381-402.

histórico-existencial em que o homem está situado e nem de sua relação com as ciências, imprescindíveis também à compreensão da realidade humana, uma vez que a filosofia proporciona a concepção metafísica do homem às ciências. Essa filosofia é transcendental e penetra o ser humano para vê-lo como espírito finito aberto ao infinito, realçando dessa forma o valor da metafísica do ser, não como forma de recuperação de uma ontologia estática, mas como ontologia hermenêutica.[76]

5. Possibilidade de articulação entre corretivo ontológico e elemento interno à teologia

A afirmação de Martin Heidegger de que a filosofia é um corretivo ontológico possível da teologia e passível de comunicação científica com essa mesma teologia não difere necessariamente da visão de Karl Rahner, em que a filosofia é um *partner* da teologia, em sua qualidade de elemento interno constitutivo dessa ciência de fé cristã. Mesmo assim, cabe perguntar: em que medida as posições de Heidegger e Rahner são passíveis de articulação, visando a formulação de um complexo teológico que tenha na filosofia seu *partner* com uma função também corretiva-ontológica e que tenha caráter de contemporaneidade?

A relação entre filosofia e teologia tanto para Heidegger quanto para Rahner deve superar a ideia da subordinação da filosofia à teologia ou da teologia à filosofia. Pensar em subordinação é algo que pertence ao passado, está registrado historicamente e que deve servir como elemento de reflexão para o estabelecimento de uma nova relação que contribua para ambas as ciências.[77] Para os dois pensadores

---

[76] Cf. Idem, "O homem perante o mistério absoluto", in *Curso fundamental da fé*, op. cit. p. 60-113; Idem. "Riflessioni sul metodolo della teologia", op. cit., p. 142-159.

[77] Cf. REIMÃO, Cassiano (org.). *O círculo hermenêutico entre a fé e a razão*. Universidade Católica Editora: Lisboa, 2004. Essa obra é constituída de artigos

a relação deve então ser de diálogo que caracterize, com a devida precisão, a função de cada ciência nessa relação, sem confundir uma com a outra. Isso significa que a filosofia não assume a função da teologia em pensar a fé cristã enquanto seu objeto de investigação e nem a teologia deve pensar o ser e o caráter ontológico do homem. Há, então, identificação conceitual de cada pensador acerca da filosofia e da teologia, ainda que por linguagens diferentes.

Ao afirmar que a filosofia na relação com a teologia é um possível corretivo ontológico, Heidegger já possui a intuição que lhe ficou clássica acerca da superação da metafísica. Na realidade, sua intenção não era descartar a metafísica como tal, mas criticá-la enquanto onto-teologia imbuída de um substrato estático e isento de dinamismo histórico-existencial. É verdade que seu desenvolvimento sobre a onto-teologia se efetivou em um período posterior à conferência de 1927 em Tübingen, mas não se pode negar que sua intuição era contemporânea à referida Conferência.[78] Por isso, para o filósofo de Marburgo a filosofia é ontologia hermenêutica que pensa o *Dasein* em sua conotação histórico-existencial, em sua finitude horizontal,

---

escritos por autores diversos, denotativos de que a relação entre filosofia e teologia é efetivamente histórica, marcante em todos os períodos da história do pensamento filosófico e teológico, necessária à compreensão da fé, intrínseca à ciência teológica e pertinente à filosofia.

[78] Cf. HEIDEGGER, Martin. "O fim da filosofia e a tarefa do pensamento", in *Heidegger*. Coleção Os Pensadores. Tradução de Ernildo Stein. Nova Cultural: São Paulo, 1991, p. 71-81. Com probabilidade, pode-se afirmar que a intuição do fim da filosofia também já se apresentava na década de 1920 em Heidegger. Por fim da filosofia, ele entendia a necessidade da mudança do modo de filosofar, considerando que Nietzsche representava o último dos metafísicos. Caberia então uma nova postura da filosofia em relação ao mundo da técnica, da ciência moderna e até mesmo a necessidade de revisão da posição da religião nesse mundo. O acabamento da filosofia requer uma nova postura da filosofia, quiçá em sua condição de ontologia hermenêutica, porque o *Dasein* a ser pensado é o ser existencialmente pensado, visto em seu aí histórico-existencial, em seu horizonte de morte que o conduz à busca de uma existência autêntica. É esse o sentido de *Sein und Zeit*, obra inacabada, cujo projeto encontrou eco ao longo da vida do filósofo de Marburgo.

cuja transcendentalidade é a possibilidade de realização desse mesmo *Dasein*.[79] O pensamento rahneriano, por sua vez, segue direção semelhante, já que a filosofia tem também para ele a função de pensar o ser, cuja possibilidade é plausível no desenvolvimento histórico-existencial do homem. Por isso, o teólogo jesuíta aponta o homem como ser pessoal, de responsabilidade e de liberdade, porque não constrói o mundo sozinho e não se situa isolado nele. Ocorre que o caráter existencial do homem para Heidegger é um dado que pertence ao homem, enquanto que para Rahner é algo proveniente da própria graça de Deus. Em Rahner, há unidade entre graça e natureza, e em Heidegger há a existência do homem como algo que lhe é intrínseco.

A concepção de homem como *Dasein* é de responsabilidade da filosofia, concebida como ontologia que proporciona compreender e interpretar esse mesmo *Dasein*. Ora, se a filosofia é ontologia, sua relação com a teologia é marcada por uma determinada funcionalidade. Para Heidegger, a filosofia é um possível corretivo ontológico que possibilita que a teologia se mantenha na reta da investigação de seu objeto. Dessa forma, isenta-se a possibilidade de que a filosofia seja uma teodiceia, embora seja passível de que ela efetue uma análise fenomenológica da religião. Com isso, Heidegger aponta para o fato de que cabe à filosofia explicitar o ser, como ser do ente, caracterizado por sua existência e por sua abertura às possibilidades, cuja linguagem emergente é a própria clareira desse ser.[80] Por isso, pode-se inferir que, quando Rahner afirma que a filosofia é um elemento interno constitutivo da teologia, há uma identificação com a afirmação heideggeriana, porque é a filosofia que, imbuída

---

[79] Cf. HEIDEGGER, Martin. "Qu'est-ce que la Philosophie?", in *Heidegger*. Coleção Os pensadores. Tradução de Ernildo Stein. Nova Cultural: São Paulo, 1991, p. 13-24.

[80] A tese de que a linguagem é a clareira do ser encontra-se em HEIDEGGER, Martin. "Carta sobre o humanismo", in *Marcas do Caminho*, op. cit., p. 326-376.

de *aletheia*,⁸¹ possibilita a *Lichtung*⁸² em relação ao *Dasein*. A filosofia proporciona compreender o homem como *Dasein* e, em termos rahnerianos, inserido na revelação universal de Deus. Infere-se aqui que o que Heidegger denominou de análise fenomenológica da religião, Rahner intuiu como teodiceia natural. Por isso, tanto Heidegger quanto Rahner concebem a filosofia no momento pré-cristão ou no anonimato da fé em relação à teologia, cuja descrição

---

⁸¹ Cf. HEIDEGGER, Martin. "*Aletheia* (Heráclito, Fragmento 16)", in *Ensaios e Conferências*. Tradução de Emmanuel Carneiro Leão, Gilvan Fogel e Marcia Sá Cavalcante Schuback. Vozes – São Francisco: Petrópolis – Bragança Paulista, 2002, p. 226-249. O termo grego *aletheia* é associado ao termo latino *veritas*. No entanto, Heidegger acentua que o significado de *aletheia* não é sinônimo de uma verdade abstrata, isenta de existência e fechada em uma forma de linguagem, inadequada à clareira do ser, re-presentado na própria linguagem denotativa de *aletheia*. Trata-se de assumir *aletheia* como verdade desen-coberta, que antes estava coberta e, ao ser desen-coberta, foi-lhe tirado o véu que estava sobre ela para velá-la, protegê-la, tomar cura dela, zelar por ela. Desen-cobrir é o traço fundamental daquilo que já pareceu e que deixou para trás o encobrimento. Mas o encobrimento não se desvincula do desen-cobrimento, porque juntos constituem uma unidade, um único acontecimento. A ação de desen-cobrir possibilita visualizar a luz, a clareira, a iluminação, identificar totalmente com o desen-cobrir. É a iluminação que dá vigor, reúne e abriga o vigente em uma vigência.

⁸² Cf. ESCUDERO, Jesús Adrián. "*Lichtung*", in *El lenaguje de Heidegger. Diccionario filosófico 1912-1927*. Herder: Barcelona, 2009, p. 126-127. Trata-se de um termo importantíssimo no pensamento de Heidegger, especialmente após a obra *Sein und Zeit,* cujo significado aí postulado indica a abertura constitutiva do *Dasein*. Somente essa abertura permite a visão dos entes intramundanos. No texto "Augustinismus und der Neuplatonismus", in *GA* 60, p. 157-299, Heidegger identifica *Licht* com *lumen* (naturale) e o qualifica como "o sentido de realização existencial inteiramente determinado no experimentar fáctico do mundo de si mesmo e que não deve entender-se no sentido coisal-metafísico" (*GA* 60, p. 199: "Hier hat lúmen einen ganz bestimemmten existenziellen Vollzugssinn im selbstweltlich faktischen Erfahren und DARF nicht dinglich-metaphysusch genomen werden"). Com isso, é possível afirmar que Heidegger distingue *lumen* de *lux*. Por *lux* entende-se a fonte de luz que permite ver as coisas e por *lumen* identifica-se a luz mesma em sua luminosidade, sendo sempre referente à alma. Por isso, Heidegger insiste em sua análise da existência humana de que o *Dasein* está sempre na abertura do ser e que vive na clareira – *Lichtung* – do ser.

ontológica do homem indica o caminho a ser seguido por aquela ciência ôntica. Heidegger acentua a função ontológica da filosofia no que se refere à linguagem da teologia. Para ele, a filosofia deve possibilitar que a teologia tenha uma linguagem objetiva, denotativa de dizer e pensar.[83] Isso significa que a linguagem teológica jamais deverá encerrar-se em si mesma e esconder-se da *Lichtung* do próprio ser que se insere no objeto ôntico investigado. Nisso, Rahner está de acordo, uma vez que, mesmo afirmando a metafísica do ser, assume a ontologia hermenêutica tão necessária para a produção teológica. Por essa ontologia, as fontes da teologia podem passar por nova compreensão e interpretação, propiciando nova visão sobre os dogmas e sobre a formulação de uma teologia que incida com eficácia na pastoral.[84] Dessa maneira, supera-se o fundamentalismo e o dogmatismo no exame das fontes da revelação cristã, examina-se a Escritura e a Tradição a partir do contexto histórico e da historicidade de seus textos, de seu caráter existencial para o homem contemporâneo, superando conceitos prontos e acabados em letras que, sem historicidade existencial, são mortas. Dessa forma, as leituras da bíblia e dos dogmas eclesiais serão de intensa veracidade contemporânea, porque estarão atualizadas e serão capazes de explicitar a palavra revelada para o homem contemporâneo.[85] Para Rahner, a teologia também contri-

---

[83] Cf. HEIDEGGER, Martin. "Fenomenologia e Teologia", op. cit., p. 80-88. Para aprofundar o significado de pensar, veja HEIDEGGER, Martin. "O que quer dizer pensar?", in *Ensaios e Conferências,* op. cit, p. 11-124.

[84] Ressalta-se aqui que, por ser teólogo, Rahner tinha uma grande preocupação acerca da incidência da teologia na ação pastoral da Igreja, porque, na qualidade de ciência de fé, a teologia está vinculada à Igreja que, por sua vez, está no mundo, relaciona-se com ele, para trazer-lhe a mensagem cristã.

[85] Cf. GEFFRÉ, Claude. *Crer e interpretar. A virada hermenêutica da teologia.* Tradução de Lúcia M. Endlich Orth. Vozes: Petrópolis, 2004. Seguindo a esteira rahneriana e o movimento hermenêutico, esse autor desenvolve a incidência da hermenêutica na teologia, sua incidência no pluralismo religioso e no diálogo do cristianismo com o Judaísmo e com o Islamismo; SEGUNDO, Juan Luis. *O homem de hoje diante de Jesus de Nazaré (I).* Fé e ideologia. Tradução de Breno Bordd. Paulinas: São Paulo, 1985; Idem. *O dogma que liberta. Fé, revelação e magistério*

bui com a filosofia à medida que sua noção de revelação universal possibilita compreender a presença intrínseca da filosofia na própria teologia. Há então uma abertura mútua dessas duas ciências, porque a teologia contribui para que a filosofia apresente-se em seu interior como ontologia, e a filosofia possibilita à teologia apresentar-se como autêntica ciência da fé que interage com o mundo, exigindo para si mesma compreensão do homem que está situado nesse mundo.

Conforme o exposto, as contribuições de Heidegger e Rahner, ainda que com algumas concepções diferentes, não são justapostas e nem opostas uma à outra. Elas se identificam e se complementam, realçando o caráter contemporâneo da teologia, eliminando uma visão cientificista e técnica de que essa ciência ôntica da fé não possui mais sentido na atualidade histórica. Ambos explicitam o caráter científico da teologia, sua função em relação ao homem como ciência da fé que possibilita uma visão de sentido da vida e, por isso, a necessidade da teologia não prescindir da antropologia denotativa da realidade humana e ter na filosofia um *partner* que aponta o efetivo horizonte ontológico desse mesmo homem.

O apontamento da proximidade e das diferenças entre Heidegger e Rahner denota como grande ponto comum que, se a teologia deva ser um complexo teórico capaz de atender as exigências da contemporaneidade, ela não pode abdicar da filosofia enquanto ciência ontológica com a qual faz uma efetiva aliança visando compreender o *Dasein* humano. E isso porque pela filosofia torna-se possível compreender ontologicamente a cultura pós-moderna,[86] o plura-

---

dogmático. Tradução de Magda Furtado de Queiroz. Paulinas: São Paulo, 1991. Esse teólogo uruguaio assimilou a virada antropológica proporcionada por Rahner e a virada hermenêutica e as aplicou em seus trabalhos, especialmente nessas duas obras. O autor aplica a hermenêutica ao dogma, faz sua releitura, compreendendo o contexto de sua formulação, seu significado originário (o mais aproximado possível) e seu significado atual para o leitor e intérprete.

[86] Cf. GONÇALVES, Paulo Sérgio Lopes – TRASFERETTI, José (orgs.). *Teologia na pós-modernidade. Abordagens: epistemológica, sistemática e teórico-prática*. Paulinas: São Paulo, 2003.

lismo religioso,[87] a epistemologia das ciências visando o diálogo interdisciplinar,[88] a globalização econômica[89] e outras situações da humanidade que se tornaram desafios para a teologia contempo-

---

[87] Cf. DUPUIS, Jacques. *Verso uma teologia Cristiana Del pluralismo religioso.* Queriniana: Brescia, 1997; HICK, John. *Teologia cristã e pluralismo religioso. O arco-íris das religiões.* Tradução de Luis Henrique Dreher. Attar: São Paulo, 2005; KNITTER, Paul. *Introdução à Teologia das Religiões.* Tradução de Luis Fernando Gonçalves Pereira. Paulinas: São Paulo, 2008.

[88] Cf. LONERGAN, Bernard. *Método en teología.* Tradução de Gerado Temolina. Sígeme: Salamanca, 2006. Nessa obra, Lonergan aponta para a importância de a teologia ter um método denotativo de sua cientificidade, de seu caráter interdisciplinar e do modo de compreender a fé assumida pelo homem cristão. O autor desenvolve seu conteúdo em oito pontos: o conceito de investigação, o significado da interpretação, a definição de história, a relevância da dialética, a explicação dos fundamentos, o estabelecimento das doutrinas, a sistematização e a comunicação. Ao desenvolver esses temas, o autor mostra que seu método teológico busca descobrir a própria estrutura dinâmica que propicia à teologia acolher os conhecimentos recebidos e sirva para verificar sua validade no interior de um marco criativo; POLKINGHORNE, John. *Ciência y Teología. Una introducción.* Tradução de José Manuel Lozano e Gotor Perona. Sal Terrae: Santander, 2000. Esse teólogo e físico desenvolve a relação entre ciência e religião, apresenta sua conotação histórica e os questionamentos emergentes, a natureza de cada entidade e o modo como é possível teologicamente desenvolver os temas da criação, da natureza do conhecimento, da identidade e da ação do homem e de Deus; ARNOULD, Jacques. *A teologia depois de Darwin. Elementos para uma teologia da criação numa perspectiva evolucionista.* Tradução de Orlando Soares Moreira. Loyola: São Paulo, 2001. Nessa obra, esse físico e teólogo dominicano francês apresenta a relevância de Darwin para pensar o universo e o processo revolucionário que ele propiciou à visão de mundo, de homem e de Deus. Também, elucida a recepção da teologia, com todos os seus debates e, principalmente, o modo como, a partir do diálogo com o darwinismo, é possível redimensionar conceitos teológicos da tradição cristã e afirmar com toda a veemência a fé na criação.

[89] Cf. SUSIN, Luis Carlos (org.). *Teologia para outro mundo possível.* Paulinas: São Paulo, 2006. O organizador reuniu nessa obra vários artigos de pouca extensão quantitativa, denotativos do Fórum Mundial de Teologia da libertação, um evento que surgiu como analogia do Fórum Social Mundial, explicitando o caráter sóciolibertador da teologia em mundo globalizado.

rânea.⁹⁰ Alia-se à compreensão ontológica dessas realidades a compreensão ontológica da própria teologia realizada pela filosofia, visando qualificar a teologia como ciência ôntica, imbuída de um *positum* e capaz de incidir sobre essas realidades em sua identidade de ciência da fé. A compreensão ontológica dessas realidades possibilita à teologia, enquanto ciência ôntica, apropriar-se de dados de outras ciências ônticas, no interior das quais se encontra também um caráter filosófico, para que a elaboração teórica da fé tenha efetividade teórica, superando a armadilha de elaboração de constructos teóricos isentos de cientificidade. Pode-se analogamente afirmar que se, em filosofia, o acesso ao ser somente é possível mediante o *Dasein,* em teologia o acesso a Deus somente é possível por meio do homem e do mundo em que está situado o próprio homem; e, portanto, de sua realidade histórico-existencial. Desse modo, a relação entre filosofia e teologia passa distante do domínio de uma sobre a outra, mas se efetiva como aliança que propicia à teologia constituir-se em uma ciência ôntica da fé eficaz e constituída de verdadeiro espírito contemporâneo. Com isso, a filosofia não mais será subordinada ou se sentirá superior à teologia, mas se colocará como seu *partner* que possibilita eficácia contemporânea à teologia. Esta, por sua vez, será sempre uma ciência do presente, imbuída de linguagem própria e de espírito contemporâneo, aberta, iluminada e iluminadora às diversas realidades humanas e capaz de explicitar o mistério divino em articulação com a história e com a existência humana.

---

[90] Cf. GONÇALVES, Paulo Sérgio Lopes. *Por uma nova razão teológica: a teologia na pós-modernidade.* Unisinos: São Leopoldo, 2005; Idem. *Questões contemporânenas de Teologia,* op. cit.

6. Conclusão

Objetivou-se neste texto desenvolver a relação entre filosofia e teologia à luz dos pensamentos de Heidegger e Rahner e da tentativa de articulação entre ambos. Para isso, apresentou-se brevemente a relação histórica entre filosofia e teologia, explicitando que a ciência teológica sempre se subsidiou do substrato teórico da filosofia. Expôs-se o pensamento de Heidegger a respeito da relação entre filosofia e teologia, pelo qual se identificou a filosofia como ciência ontológica e a teologia como ciência ôntica, e acentuou-se a função específica da filosofia nessa relação. Explicitou-se também o pensamento rahneriano acerca dessa relação, pelo qual se inferiu que a filosofia é *partner* da teologia, superando uma possível relação de subordinação de uma ciência à outra. Em seguida, ambas as visões foram articuladas, explicitando a necessária opção pela aliança entre filosofia e teologia, no ato de produzir teologia.

Não há dúvidas de que o caráter histórico da relação entre filosofia e teologia, a respectiva consolidação pela própria epistemologia de cada ciência, as diferenças entre ambas e a mútua contribuição acentuam que a teologia é uma ciência de fé, constituída de um *positium* e que deve dialogar com outras ciências, para se consolidar como teologia. No entanto, sua relação com a filosofia não se coloca no mesmo nível daquele que há com as outras ciências, porque a filosofia é uma ciência ontológica, preocupada com o ser a partir do ser do ente, compreendido em sua existência. E isto diferencia a filosofia das outras ciências, as quais por sua identidade epistemológica são constituídas do respectivo *positum* e, por isso, são ônticas. Isso significa afirmar que a relação entre filosofia e teologia não se coloca no mesmo âmbito da relação da teologia com as outras ciências, mas é uma relação diferenciada por se tratar de uma ciência ontológica – a filosofia – e outra ôntica – a teologia – consolidando uma aliança específica entre ambas.

A teologia tem na filosofia um *partner* que pode servir-lhe de corretivo ontológico e também como um momento interno de seu próprio desenvolvimento como ciência teológica. Além disso, a filosofia é historicamente anterior à teologia cristã e, por isso, reflete a revelação universal presente na história humana, antes mesmo da confissão de fé cristã. Ademais, é a filosofia que possibilita a compreensão da situação ontológica do homem e conduz a teologia ao diálogo com outras ciências para melhor compreensão ôntica desse mesmo homem, canal imprescindível para se ter acesso e falar de Deus.

Enfim, a relação entre filosofia e teologia, desenvolvida com o devido cuidado epistemológico e metodológico, torna a teologia efetivamente contemporânea de sua época histórica, porque a coloca da melhor maneira possível em diálogo com a história e com o mundo em que o ser humano está situado e no qual se encontra com Deus, cuja revelação é de iniciativa própria e cuja compreensão requer a mediação do *humanum*, a ser compreendido e interpretado pelas mediações que possibilitam à teologia ser efetivamente eficaz.

2
A RELIGIÃO NA PÓS-MODERNIDADE

Análise fenomenológica da vida religiosa

1. Introdução

A reflexão filosófica sobre a religião na pós-modernidade é necessária não para concorrer com outras análises científicas, mas para trazer à tona uma possibilidade ontológica da experiência religiosa. Trata-se então de superar a visão de que a filosofia não deve refletir sobre a religião ou que a religião não é objeto de reflexão e apenas canal de uma experiência de vida e assumir um caminho em que a filosofia é colocada como ciência ontológica, cuja função é refletir sobre o ser. Mas o acesso ao ser só é possível pela via do ente, de sua presença dinâmica em termos históricos e existenciais. Por isso, o objetivo aqui é apresentar a análise fenomenológica da vida religiosa feita por Martin Heidegger[91] – um dos maiores filósofos do século XX – em um curso ministrado no período de 1920 a 1921, fundamentando-se no livro X das *Confissões,* de Santo Agostinho.[92]

---

[91] Cf. HEIDEGGER, Martin. *Phänomenologie des Religiösen Lebens*. Gesamtausgabe 60. Aos cuidados de Mathias Jung, Thomas Regehly e Claudius Strube. Vittorio Klostermann: Frankfurt am Main, 1995.

[92] Cf. AGOSTINHO, Santo. *Confissões*. Edição Bilingue e Tradução portuguesa de Arnaldo do Espírito Santo – João Beato – Mari Cristina de Castro Maia de

Em sua obra, o filósofo alemão apresenta o ser na experiência do ente, enquanto *Dasein* que existe historicamente e possui uma vida fática a ser mergulhada.[93]

Justifica-se a tomada de Heidegger e a obra acima mencionada o fato de que se trata de um autor que efetua efetivamente uma análise fenomenológica da vida religiosa, isentando-se de emitir um juízo axiológico e de apresentar preocupações com o caráter institucional da religião ou que manifeste algum elemento que supra sua análise de cientificidade. Ademais, a obra é densa, antecipa *Sein und Zeit* e é constituída de elementos minuciosos, presentes no pensador de Hipona, nem sempre refletidos no meio acadêmico.

Para atingir o objetivo proposto, apontar-se-á brevemente a necessidade da análise da religião na pós-modernidade, ainda que não se manifeste explicitamente a preocupação em definir conceitualmente pós-modernidade, mas apresentá-la como detentora de um espírito paradoxal de ruptura e de continuidade com a modernidade que exige um novo pensar sobre a religião.[94] Em seguida, expor-se-á a análise heideggeriana da vida religiosa, conforme a materialidade supracitada, tendo como luz a perspectiva fáctico-existencial presente no filósofo em questão. Por último, ousar-se-á apontar alguns desdobramentos dessa análise, enfatizando o cuidado com a existência, a atenção à arte e aos símbolos e, principalmente, o fato de que a busca atual de Deus não se desvincula da existência humana.

Sousa Pimentel. Centro de Literatura e Cultura Portuguesa e Brasileira – Imprensa Nacional – Casa da Moeda: Lisboa, 2000.

[93] Cf. *GA* 60, p. 157-299.

[94] Cf. VATTIMO, Gianni. "O vestígio do vestígio". Tradução de Roberta Barni, in DERRIDA, Jacques – VATTIMO, Gianni (orgs.). *A religião. O seminário de Capri*. Estação da Liberdade: São Paulo, 2000, p. 91-107. Nesse artigo, o filósofo italiano fundamenta-se em Nietzsche para afirmar o clima de pós-modernidade vivido no Ocidente contemporâneo e em Heidegger para afirmar o modo mais correto de analisar a religião, tomando como base a eventualidade do ser na existência humana.

2. A necessidade da análise da religião na pós-modernidade

A religião na pós-modernidade é um tema que tem sido alvo de análises realizadas em vários âmbitos científicos,[95] os quais estão imbuídos de conotações diversas referentes ao conceito de pós-modernidade. Em termos interrogativos: será que a modernidade, constituída de antropocentrismo e de cientificismo, apresentada com caráter messiânico, atingiu todos os seus objetivos? A modernidade parecia prescindir da religião conforme se apresentava historicamente, construiu deísmos filosóficos e luzes messiânicas à nova concepção científica e à nova concepção de sujeito produtor de história. Assim sendo, Deus tomou a forma de projeção humana (Ludiwig Feuerbach), a religião foi caracterizada como ópio do povo (Karl Marx) e decretou-se a morte do Deus cristão (Friedrich Nietzsche), edificado sob a égide da metafísica que se consolidou no Ocidente.[96]

---

[95] Cf. ERICKSON, Victoria Lee. *Onde o silêncio fala. Feminismo, teoria social e religião*. Tradução de Claudia Gerpe Duarte. Paulinas: São Paulo, 1998; MARTELLI, Stefano. *A religião na sociedade pós-moderna*. Tradução de Euclides Martins Balancin. Paulinas: São Paulo, 1995; MARDONES, José María. *A vida do símbolo. A dimensão simbólica da religião*. Tradução de Euclides Martins Balancin. Paulinas: São Paulo, 2006.

[96] HEIDEGGER, Martin. "A palavra de Nietzsche Deus morreu", op. cit., p. 249. Cita-se o parágrafo 125 de *A Gaia Ciência*, de Nietzsche: "O homem louco. Não ouviram falar de um homem louco que, na clara manhã, acendia uma lanterna, corria para o mercado e gritava incessantemente: 'Procuro Deus! Procuro Deus!' – Mas, como lá estavam reunidos justamente muitos daqueles que não acreditavam em Deus, provocou um grande riso. Será que se perdeu? Dizia um. Perdeu-se como uma criança? Dizia outro. Ou está escondido? Tem medo de nós? Embarcou? Emigrou? – Assim gritavam e riam uns para os outros. O homem louco saltou para o meio deles e trespassou-o com seu olhar. 'Para onde foi Deus?', exclamou, 'vou dizer-vos! Matámo-lo – vós e eu! Todos nós somos os seus assassinos! Mas como fizemos isto? Como conseguimos esvaziar o mar? Quem nos deu a esponja para apagar o horizonte inteiro? Que fizemos quando desligamos esta Terra do seu Sol? Para onde se move ele agora? Para onde nos movemos nós? Longe de todos os sóis? Não caímos constantemente? E para trás, para os lados, para a frente, para todos os lados? Há ainda um acima e um abaixo? Não erramos como através de um nada infinito? Não nos bafeja o espaço vazio? Não arrefeceu? Não

Com isso, o homem moderno adquiriu autonomia racional, laicizou o Estado, construiu uma nova estética e, mediante a ciência, assumiu um novo caminho ao desenvolver a técnica que lhe fora manifestada.

A crítica moderna à religião possibilitou a emergência do ateísmo, do secularismo e do relativismo das práticas religiosas. A religião estava fadada a ter um futuro marcado por seu gradativo desaparecimento e irrelevância ao homem moderno. Concomitantemente a essa crítica, a sociologia weberiana constatou a proximidade da experiência religiosa protestante com o advento do capitalismo, considerado por ele um dos frutos da modernidade.[97] Criticava-se o dogmatismo, o moralismo e o caráter institucional da religião, especialmente a cristã, e aludia-se à possibilidade do desaparecimento da religião ou o aparecimento de uma nova configuração religiosa.

---

vem cada vez noite e mais noite? Não têm as lanternas de ser acesas de manhã? Não ouvimos ainda nada do barulho dos coveiros que sepultam Deus? Não cheiramos ainda nada da decomposição divina? – também os deuses se decompõem! Deus morreu! Deus permanece morto! E nós matámo-lo! Como nos consolamos, os assassinos de todos os assassinos? Aquilo que de mais sagrado e mais poderoso o mundo até agora possuía sangrou sob nossos punhais – quem nos limpa deste sangue? Com que água poderíamos purificar? Que festas expiatórias, que jogos sagrados inventar? Não é a grandeza desse ato demasiado grande para nós? Não teremos nós mesmos de nos tornar deuses, para apenas aparecermos como dignos dele? Nunca houve um ato maior e quem nascer depois de nós pertence, por causa deste ato, a uma história maior do que toda a história o foi até agora!' – Aqui silenciou-se o homem louco, e voltou a olhar para os seus auditores: também eles se silenciavam e olhavam surpresos para ele. Finalmente, lançou a sua lanterna ao chão de tal modo que ela se quebrou e se apagou. 'Chego demasiado cedo', disse então ele, 'ainda não chegou o meu tempo. Este acontecimento *(Ereignis)* monstruoso ainda está a caminho e deambula – ainda não chegou aos ouvidos dos homens. O relâmpago e o trovão precisam de tempo, mesmo depois de terem sido feitos para serem vistos e ouvidos. Este ato está ainda mais distante deles que os mais longínquos astros – e, no entanto, fizeram-no eles mesmos!' – Conta-se ainda que o homem louco entrou no mesmo dia em diversas igrejas e aí cantou o seu *Réquiem aeternam deo*. Expulso e interpelado, replicou sempre apenas isto: "Que são então ainda estas igrejas senão os túmulos e os mausoléus de Deus?"

[97] Cf. WEBER, Max. *A ética protestante o espírito do capitalismo*. Tradução de Antonio Flávio Pierucci. Companhia das Letras: São Paulo, 2004.

Aliás, a própria crítica nietzscheniana não pretendeu destruir ontologicamente a religião e Deus, mas apontar para a necessidade de se construir uma nova configuração e uma nova visão de Deus.[98] Nesse sentido, buscava-se colocar fim às formulações estáticas, fixas e isentas de historicidade e de sentido existencial para o homem contemporâneo. Vislumbrava-se, ao menos implicitamente, a necessidade de que a religião deveria ser tratada por um meio não dogmático, não moralista, isenta de conceitos metafísicos distantes do caráter histórico-existencial do homem e à luz de um novo contexto que ultrapassasse seu caráter institucional e denotasse o caráter religioso do homem em sua existência.[99]

Esse contexto denotativo de que a religião não é o centro da constituição de mundo e de homem, de que a história contemporânea, marcada por duas guerras mundiais, pelo desenvolvimento dos totalitarismos, por guerras civis, pela globalização econômica e política, por nova concepção de Estado e por emergências de novas organizações políticas,[100] apresenta perplexidade, reclama uma nova aventura do homem que lhe coloca o desafio de se redescobrir ontologicamente. Disso resulta a nostalgia do encontro com o divino em que o homem abria-se ao *Heilige* – Sagrado –, deixava-se afetivamente ser tomado e velava para que o Sagrado continuasse *numinoso*.[101] Experimentava-se assim o abandono ao Sagrado, ao desconhecido-conhecido, em que

---

[98] Cf. HEIDEGGER, Martin. "A palavra de Nietzsche Deus morreu", in *Caminhos de Floresta*. op. cit, p. 296-305; VALADIER, Paul. "O divino após a morte de Deus segundo Nietzsche", in ZARKA, Yves Charles – LANGLOIS, Luc (orgs.). *Os filósofos e a questão de Deus*. Tradução de Luis Paulo Rouanet. Loyola: São Paulo, 2006, p. 293-306.

[99] Cf. CAPELLE, Philippe. "O divino e Deus em Martin Heidegger", in Ibidem, p. 307-330.

[100] Cf. HOBSBAWN, Eric. *Era dos Extremos. O breve século XX (1914-1991)*. Tradução de Marcos Santarrita. Companhia das Letras: São Paulo, 2000; Idem, *Globalização, Democracia e Terrorismo*. Tradução de José Viegas. Companhia das Letras: São Paulo, 2007.

[101] OTTO, Rudolf. *Das Heilige. Über ds irrationale in der Idee des Göttlichen und sei Verhältnis zum Rationalen*. Verlag C. H. Beck: München, 1979.

distância e proximidade constituíam uma única realidade.[102] Assim, o homem abria-se a uma realidade *semper maior* que ele, deleitava-se no colo da divindade e se deixava ser abandonado para ser acolhido.[103] O homem pós-moderno está marcado pela emergência da técnica,[104] que, se de um lado dá-lhe conforto na resolução de muitos problemas aparentemente insolúveis, de outro causa-lhe perplexidade, quase que na forma de medo de que a humanidade deixe de ser humana. Infere-se aqui a tese do surgimento da era pós-humana e pós-histórica,[105] manifesta-se um clima de perda de sentido da vida ou de possibilidade

---

[102] GARGANI, Aldo. "A experiência religiosa como evento e interpretação". Tradução de Roberta Barni, in DERRIDA, Jacques – VATTIMO, Gianni (orgs.). *A religião,* op. cit., p. 125-150; VITIELLO, Vicenzo. "Deserto, éthos, abandono. Contribuição para uma topologia do religioso", in Idem, Ibidem, p. 151-188.

[103] Essa é a situação narrada em Êx 1,1-14, na qual Moisés cuidava do rebanho de sua família, sentiu-se interpelado pela sarça ardente que não se consumia, subiu à montanha, lócus da experiência do Sagrado, sentiu-se atraído a aproximar-se à sarça, mas foi interpelado a manter-se em distância, além de ter sido interpelado a tirar as sandálias, por que o chão onde pisava era Sagrado. A divindade – o Sagrado – interpela o homem, provocando-o a olhar a seu redor vital, a assumir uma missão e agir abandonando-se à própria divindade. Apesar da resistência de Moisés, sua decisão é de assumir a interpelação, de levar a cabo o que lhe fora ali conferido, em clarividente respeito ao que lhe era sempre maior. Na mesma perspectiva de relação entre proximidade e distância está o fato de que Moisés conduziu o povo à libertação da escravidão e à terra prometida, mas não entrou na mencionada terra. Respeitou a divindade, consolidou-se na sacralidade que ela denotava e abandonou-se em suas mãos.

[104] Cf. HEIDEGGER, Martin. "A questão da técnica", in *Ensaios e Conferências,* op. cit., p. 11-38. Neste texto, Heidegger analisa a técnica, isento de um caráter moral, mas tecendo sua essência, visualiza-a como um meio para um fim e como atividade humana, enquanto um dado real emergente na própria história do homem. Sua análise filosófica perpassa o modo como a técnica desenvolveu-se historicamente e como se apresenta no contexto contemporâneo. Dessa forma, a técnica é um dado colocado ao homem, a fim de que seja pensada a partir de sua efetiva composição, de sua articulação com a arte e com a verdade que permeia a vida do homem.

[105] Cf. FUKUYAMA, Francis. *O fim da história e o último homem.* Tradução Aulyde Soares Rodrigues. Rocco: Rio de Janeiro, 1992.

de um fim catastrófico para a humanidade e para o planeta. As experiências religiosas do homem são desenvolvidas institucional e não institucionalmente. Ele se coloca como um andarilho que passa por templos ou faz seu próprio templo para encontrar-se com o Sagrado. Mas onde está o Deus que ele procura? Situa-se esse Deus em um assento deslocado do caráter histórico-existencial do homem?

Isso implica em pensar a religião a partir de seu sentido no interior da própria existência humana, ultrapassando definitivamente o caráter meramente dogmático e moral da religião. Nessa totalidade contextual, reside o pós-moderno como abertura de diversas possibilidades de sentido da vida humana, realização de paradoxos, nomadologia do saber e recolhimento do "eu" como forma de defesa da coletividade ou ainda como forma de aprofundamento do que é propriamente sagrado ao homem.[106]

Em função de colocar a religião na perspectiva da busca do sentido da existência humana, o caminho que analiticamente melhor pode manifestar sua relevância ao homem é aquele referente ao encobrimento do ser – *léthe* – tão utilizado por Martin Heidegger.[107] Isso

---

[106] Cf. OLIVEIRA, Manfredo Araújo de. "Pós-modernidade: abordagem filosófica", in GONÇALVES, Paulo Sérgio Lopes – TRASFERETTI, José (orgs.). *Teologia na pós-modernidade: abordagens epistemológica, sistemática e teórico-prática*. Paulinas: São Paulo, 2003, p. 21-52.

[107] Cf. VATTIMO, Gianni. *Depois da Cristandade. Por um Cristianismo não religioso*. Tradução de Cynthia Marques. Record: São Paulo – Rio de Janeiro, 2002. A perspectiva heideggeriana assumida por Gianni Vattimo possibilitou-lhe analisar filosoficamente a religião cristã na pós-modernidade, tomando como ponto de partida o acontecimento de 11 de setembro de 2001, quando as torres Gêmeas de Nova York foram destruídas por aviões coordenados por terroristas. Dessa forma, o filósofo italiano equipara a morte de Deus, anunciada por Nietzsche, com o fim da metafísica, anunciada por Heidegger, evidenciando que não se trata de um ateísmo substancial, mas de uma nova possibilidade hermenêutica de analisar a religião. Por isso, retoma a era do espírito descrita por Gioachino de Fiore, pela qual é possível avaliar positivamente a secularização e olhar a religião a partir do evento histórico realizado pelo próprio homem. Explicita o caráter estético da religião e sua incidência pós-moderna, analisa a religião no bojo dos conflitos sociais e da violência entre os povos e conclui com a análise heideggeriana da vida religiosa, centrada na facticidade da vida, vista à luz da existência humana.

significa que a análise filosófica da religião deverá ser de cunho fenomenológico, visando desen-cobrir o que está en-coberto mediante um processo de articulação com a *aletheia*, porque o en-coberto e o desen-coberto constituem juntos um único processo relativo ao ser. Dessa forma, não se deve pretender que a *Lichtung* sobre a religião explicite tudo que nela há, como se esse tudo se esgotasse por aquilo que é mostrado. Torna-se necessário que se atente para o fato de que o pôr a descoberto, próprio da *aletheia*, trará ainda mais a constatação do que o que está coberto – protegido –, continua em vigor, ainda que o vigente aponte para aquilo que fora iluminado pela *Lichtung*.[108]

A maior implicação da análise fenomenológica da religião será a de apresentar uma hermenêutica da facticidade, de cunho existencial que aponte a religião como experiência religiosa de *re-ligare*, de tornar efetiva a ligação do homem com o Sagrado. E isso porque o que se coloca ao homem pós-moderno é o sentido de sua experiência religiosa, enquanto superação de assimilação de dogmas, de seguimento de manuais moralistas e de submissão às verdades hierárquicas (im)postas institucionalmente. O homem pós-moderno se vê a si mesmo em busca de algo mais e que dê sentido a sua vida. Por isso, a questão da religião na pós-modernidade no âmbito filosófico é existencial e, por conseguinte, está relacionada à historicidade do homem, às decisões que o levam a sua realização humana como tal. Livre de qualquer condicionamento de visualização sociológica do mercado religioso, a análise filosófica de cunho fenomenológico há de primar por aquilo que é fenômeno experimentado pelo homem, partindo de sua vida fática denotativa da experiência religiosa – como encontro com o Sagrado – que este mesmo homem realiza.[109] No Ocidente cristão são vários os exemplos de pensadores e místicos – Agostinho, Mestre Eckhart, Teresa D'Ávila, João da Cruz, Teresa de Lisieux –, mas o

---

[108] Cf. HEIDEGGER, Martin. "*Aletheia* (Heráclito, fragmento 16)", op. cit., p. 226-249; Idem, "Parte principal: A verdade do ser", in *Heráclito. A origem do pensamento Ocidental: Lógica. A doutrina heraclítica do lógos*. Tradução de Márcia Sá Cavalcante Schback. Relume Dumará: Rio de Janeiro, 2002, p. 61-98.
[109] *GA* 60, p. 3-30.

bispo de Hipona conseguiu reunir em si os atributos de pensador da fé, que se utilizou da filosofia como elemento interno da teologia,[110] e de místico constituído de uma experiência espiritual fundamental do Deus, cuja fé professava e aprofundava pastoralmente. Agostinho descobriu o en-coberto sem deixar de cobri-lo, reuniu vigorosamente o ato de desen-cobrir e de en-cobrir no que de mais profundo sua fé – existencial – suscitava. E isso o fez sem deixar de debruçar-se em sua própria vida, descrita de modo confessional. E por que a análise fenomenológica de Heidegger a respeito da vida religiosa de Agostinho é importante para se compreender a religião na pós-modernidade? Porque a maneira heideggeriana de efetuar a análise tem a luz da busca do sentido da própria existência humana, isentando-se de preocupações dogmáticas, morais e institucionais, embora se reconheça que o enfoque histórico-cultural, dogmático e científico a respeito de Agostinho tenha sua importância devida no âmbito da história do pensamento. Por meio de Heidegger entende-se que, pelo caminho empreendido, poder-se-á não apenas compreender o significado da religião na vida humana nesta era pós-moderna, mas também visualizar prospectivamente a melhor forma da experiência religiosa contribuir naquilo que o próprio Agostinho chamava de *beata vita*.

3. A fenomenologia da vida religiosa

3.1. A proposta de Heidegger e a introdução de Agostinho

A obra *Phänomenologie des religiösen Lebens* escrita por Martin Heidegger põe às claras o significado de uma análise fenomenológica

---

[110] Ao afirmar a relação entre filosofia e teologia, RAHNER, Karl. "Riflessioni sul método della teologia", op. cit., p. 99-159, mostra que Santo Agostinho é um exemplo de que foi um teólogo que utilizou a filosofia como momento interno de sua teologia. A partir dele, outros exemplos podem ser citados, Santo Tomás de Aquino, São Boaventura e outros, de modo que a filosofia está no interior da própria teologia.

da vida religiosa, tomando como fontes as cartas de São Paulo, o livro X das *Confissões*, de Agostinho, Mestre Eckhart e alguns outros místicos da idade média, além de expor brevemente obras de alguns autores contemporâneos, tais como Friedrich Schleiermacher e Rudolf Otto. Interessa aqui, tomar o capítulo referente a Agostinho,[111] cuja base principal é aquela acima mencionada. E por que o capítulo sobre Agostinho é tão importante para analisar fenomenologicamente a vida religiosa? Por que ao escrever as *Confissões*, Agostinho não se coloca na mera posição de um pecador que deseja simplesmente confessar seus pecados e, por consequência, receber a respectiva absolvição. Ele confessa sua vida vista em seu todo,[112] explicitando seu diálogo com Deus,[113] a partir da experiência fática e existencial de sua própria vida,

---

[111] Cf. *GA* 60, p. 157-299.

[112] Cf. GONÇALVES, Joaquim Cerqueira. "Confissões de Santo Agostinho – Memória e Perdão", in Centro de Literatura e Cultura Portuguesa e Brasileira – Faculdade de Ciências Humanas (orgs.) *Actas do Congresso Internacional. As Confissões de Santo Agostinho: 1600 anos depois: Presença e Actualidade.* Universidade Católica Portuguesa: Lisboa, 2002, p. 767-788, afirma que o estilo "Confissão" assumido por Agostinho não deve ser visto como mera apresentação de seus pecados, imbuída de um sentimento de culpa, mas como apresentação de sua vida, em que ele pede e aceita o perdão, e louva a misericórdia de Deus por ter-lhe conferido o perdão. Dessa forma, a confissão não é expressão moralista de arrependimento e nem purificação psicológica do erro, mas é louvor e reconhecimento do amor de Deus. Disso se infere que este estilo proporciona ir ao profundo da vida humana, pelo qual o homem clama a Deus.

[113] Cf. FISCHER, Norbert. "Der praktische Weg zum höchsten Gut und di Dialektk von Freiheit und Gande", in *Augustins Philophie der Endlichkeit. Zur systematichen Entfaltung seines Denken aus der Geschichte der Chorismos-Problematik,* Buovier Verlag Herbert Grundmann: Bonn, 1987, p. 268-296. Esse autor apresenta uma perspectiva diferente daquela apresentada por Heidegger, porque seu enfoque filosófico não se restringe à fenomenologia, mas busca ultrapassá-la, explicitando que nas *Confissões* Agostinho estabelece um diálogo com Deus, vê nele um tu absoluto, que o inquieta e o coloca em movimento de buscá-lo. Por isso, neste capítulo, o autor desenvolve a dialética entre liberdade e graça, utilizando-se também de outras obras de Agostinho, tais como *De libero arbitrio (I-II), Enarrationes in Psalmos XXXV, Contra duas epistolas Pelagianorum (I)*. Trata-se de uma reflexão em que o autor visualiza a influência que Agostinho recebeu dos maniqueus, mas

segundo *Heidegger*. Deus é seu sentido, encontrado ao longo da vida, mediante todas as suas experiências, com um horizonte que articula decadência e possibilidade de acesso.

O filósofo alemão apresenta outras três possibilidades de enfoque sobre Agostinho: a de Ernst Troetsch,[114] que apresenta Agostinho como o principal produtor da cultura ocidental marcadamente cristã; a de Adolf Harnack,[115] que inseriu Agostinho na história do dogma, dando-lhe especial destaque na consolidação de uma dogmática crista; e a de Wilhelm Dilthey,[116] que acentuou a importância de Agostinho na história das ciências do espírito, principalmente na contribuição de uma hermenêutica histórica que considera a psicologia no processo de compreensão.[117] A opção de Heidegger é pelo livro X das *Confissões*, em função de que ali se encontra o que há de crucial na experiência religiosa, concebida filosoficamente: a facticidade da vida vista no próprio tempo presente em que se encontra Agostinho, e não em seu passado, conforme se visualiza narrado nos nove primeiros livros, nem no futuro, compreendido a partir de uma teologia da criação desenvolvida nos três capítulos posteriores.[118]

---

também explicita sua superação para compreender e apresentar que a liberdade humana não se desenvolve isenta da graça de Deus. Também a graça não se realiza sem possibilitar que o homem seja livre e que com sua liberdade se encontre com Deus, que também age com profunda liberdade. No encontro entre Deus e o homem está o encontro entre duas liberdades, a de Deus e a do homem. É um encontro dialógico em que o homem se coloca diante de Deus para apresentar sua vida, não de um modo superficial, mas de modo que se encontra no mais profundo de sua existência.

[114] Cf. TROELTSCH, Ernst. "Augustin, die christliche Antike und das Mitelalter", in *Anschluss an die Schrift "De civitate Dei"*. Oldenbourg: München – Berlin, 1915

[115] Cf. HARNACK, Adolf. *Lehrbuch der Dogmengeschichte. Band 3. Die Entwikkelung des kirchlichen Dogmas II/III*. Möhr: Tübingen, 1910.

[116] Aqui, Heidegger não faz menção a qualquer obra de Dilthey.

[117] Cf. *GA* 60, p. 159-173.

[118] Cf. FISCHER, Norbert. "Narrativa – Reflexão – Meditação. O problema do tempo na estrutura global das Confessiones", in Centro de Literatura e Cultura

O livro em questão possui 43 capítulos que são analisados por Heidegger na seguinte estrutura[119]:

Capítulos I – VII: Introdução
Capítulos VIII – XIX: A memória

Portuguesa e Brasileira – Faculdade de Ciências Humanas (orgs.) *Actas do Congresso Internacional. As Confissões de Santo Agostinho*, op. cit., p. 255-266. Esse autor apresenta a estrutura e a macroestrutura das *Confissões* de Agostinho. A estrutura pode ser lida em dois modelos interpretativos. O primeiro é encontrado nas *Retratactiones* de Agostinho e divide o livro em duas partes, compreendendo do I até o livro X, em que Agostinho estaria apresentando, em forma de confissão, toda a sua vida, e do livro XI até o XIII, em que expõe a teologia da criação, desenvolvendo de forma crucial sua reflexão sobre o tempo. O segundo modelo divide a obra de forma tripartida, concedendo aos nove primeiros livros o espírito de confissão sobre o passado, ao livro X o espírito de confissão analítica do presente, com ardente desejo de louvar a Deus visualizando toda a sua vida, analisada nos capítulos precedentes, descendo até o abismo mais profundo de sua existência para encontrar a eterna sabedoria. Nessas duas partes, Agostinho mergulha tão profundamente no abismo de sua existência que encontra no louvor e, por conseguinte, no reconhecimento da misericórdia de Deus – sua real esperança – o caminho do acesso e da elevação. A terceira parte desse modelo compreende os livros XI, XII e XIII, que refletem teologicamente a criação. Aqui, Agostinho, ao mesmo tempo em que já havia descoberto a Deus, mergulha na inquietação e na angústia de sua existência para analisar a obra divina da criação, tecendo uma profunda reflexão sobre o tempo, pelo qual apresenta seu cuidado temporal para com os homens, estabelecendo claramente que o íntimo mais íntimo do homem está relacionado com o mais elevado de todos os elevados: Deus. Dessa forma, Agostinho apresenta uma estrutura dialógica das *Confissões*, em que Deus e o homem se comunicam, sendo Deus reconhecido como o totalmente Outro que é descoberto pelo homem, somente quando se faz a experiência existencial do espírito em descer ao mundo, visto como lugar pejado de problemas e de exercício da vida responsável. Essa descida do homem ao âmago de sua existência é sua abertura ao íntimo mais íntimo, no qual a imanência e a transcendência se encontram, e Deus é concebido como libertação definitiva do homem. Nesse sentido, Agostinho não nega o tempo nem sua total transiência, mas afirma a intransiência do temporal, a realização do finito como finito, cujo caminho possibilita a mais elevada relação com o eterno que aos temporais é possível.

[119] Cf. *GA* 60, p. 175-246.

Capítulos XX – XXIII: A *beata vita*
Capítulos XXIV – XXVII: O como do perguntar e do ouvir
Capítulos XXVIII – XXIX: O *curare* como traço fundamental
    da vida fática
Capítulos XXX – XXXIV: A primeira forma de tentação:
    concupiscência da carne
Capítulos XXXV: A segunda forma de tentação:
    concupiscência dos olhos
Capítulos XXXVI – XXXVIII: A terceira forma de tentação:
    a soberba
Capítulos XXXIX: O tornar-se si-mesmo como importante
    diante do si mesmo
Conclusão: A moléstia como facticidade da vida.

A estrutura proposta por Heidegger não segue propriamente a ordem como Agostinho delineia,[120] mas apresenta de antemão uma perspectiva hermenêutica existencial. Isso significa que ao final da leitura do livro, Heidegger intui que Agostinho apresenta uma hermenêutica da facticidade para compreender sua experiência religiosa. Dessa forma, a análise heideggeriana não se atém ao fato de que Agostinho esteja ou não libertado de uma perspectiva dogmatista, própria de sua época histórica, mas interessa-lhe visualizar o caminho fáctico e existencial em Agostinho, pelo qual o olhar para Deus e o colocar-se diante dele exigem olhar para si mesmo e colocar-se

---

[120] Cf. MARTINS, Manuela Brito. "A leitura heideggeriana do livro X das Confissões de Agostinho", in Centro de Literatura e Cultura Portuguesa e Brasileira – Faculdade de Ciências Humanas (orgs.) *Actas do Congresso Internacional. As Confissões de Santo Agostinho,* op. cit., p. 377-406. A autora propõe a seguinte estrutura de Agostinho: a) Capítulos I-V: as razões da confissão atual; b) Capítulos VI-VII: o amor e a procura de Deus; c) Capítulos VIII-XIX: A memória; d) Capítulos XX-XXIX: A memória e a vontade da vida feliz; e) Capítulos XXIV-XXVII: Como Deus está na memória; f) Capítulos XXVIII-XXIX: Oração; g) Capítulos XXX-XXXIV: A concupiscência da carne; h) Capítulo XXXV: A concupiscência dos olhos; i) Capítulos XXXVI-XL: A soberba; j) XLI-XLII: O Cristo mediador.

diante de si próprio.[121] Apresentar-se-á a estrutura colocada por Heidegger colocando-a em quatro pontos fundamentais: a memória, a *beata vita*, as tentações e a existência como facticidade da vida. Acredita-se que desta forma dar-se-á destaque à memória e à *beata vita* com a mesma intensidade de Heidegger, apresentar-se-á com maior clarividência a articulação existente entre as tentações e explicitar-se-á a existência como facticidade da vida, em que o homem é provocado a experimentar a sua vida em seu todo, marcado pela decadência e pelo acesso.

Conforme Heidegger,[122] Agostinho escreve os sete primeiros capítulos em perspectiva introdutória. Sua intenção é explicitar o significado existencial da confissão, enquanto abertura de si, dar-se a conhecer, buscando conhecer a Deus a partir de sua própria existência. E ao falar de Deus debruça-se sobre a intuição de que Deus é amor, cuja compreensão efetua-se no nível existencial do homem, quando se olha para o interior da própria alma humana. Com toda a evidência, Agostinho concebe a alma, conforme a herança neoplatônica, como instância superior ao corpo, força vivificante, sensorial e órgão peculiar de capacidade de ordenamento em sentido estrito. A alma caracteriza o homem como humano, diferenciando-o dos animais, sem que isso seja necessária e exclusivamente um contributo às atribuições da psicologia, mas que seja indicativo de que a vida humana é fática e histórico-existencial.

---

[121] Cf. MEESSEN, Yves. "De la facticité à la métaphysique: Heidegger a-t-il bine lu Augustin?", in *Nouvelle Revue de Théologie 128* (2006), p. 48-66. Aqui, o autor busca apresentar a maneira como entende que Heidegger apreendeu Santo Agostinho em sua ontologia, ao ler as *Confissões*. Esse autor entende que Heidegger não soube ver nas *Confissões* de Santo Agostinho que se tratava de um diálogo entre o homem e Deus, entre o eu e o tu absoluto, que se encontra dentro do "eu" humano, mas também lhe é exterior na condição de um sujeito próprio que penetra a vida do homem para amá-lo em sua mais profunda existência.
[122] Cf. *GA* 60, p. 175-181.

3.2. Memória: correspondência com a existência

Para que toda a vida seja recordada, Heidegger constata que Agostinho recorre à memória[123] e discorre sobre ela amplamente. A memória possui um caráter amplo de penetração vital na existência humana, porque ela denota a totalidade que abarca a existência, ainda que o homem nem sempre tenha plena consciência disso. Pela memória, recorda-se o âmbito dos objetos sensíveis e dos objetos não sensíveis, realçando-se a partir deles a relevância do despertar da representação que apresenta os conteúdos vistos diversificadamente daquilo que é representado. Pela memória torna-se possível adquirir noções que se encontram na própria memória, exceto os números que possuem existência em si mesmos. Pela memória torna-se possível conhecer, uma vez que o conhecimento é ordenamento daquilo que estava desordenado na memória. Inclui-se aqui o conhecimento dos afetos, porque na memória estão também os afetos da alma que são passíveis de representação memorial. Por isso, a memória não tem apenas a mera função de recordar e de ordenar, mas de relacionar-se à existência do homem, marcada por seus afetos. E isso porque não há como pensar no sentido da existência sem recorrer ao significado da felicidade, implicando em refletir sobre a alegria relacionada à *beata vita*.[124]

A memória está profundamente relacionada aos afetos, os quais podem ser distinguidos em sua maneira de ser, enquanto modos de sentir e modos do espírito os possuir e enquanto estrutura afetiva existencial e ontológica.[125] Agostinho entende que os afetos são *perturbationes animi,* desenvolvidos com *cupiditas, laetitia, metum et tristitia,* encontrados na memória, porque ela é uma grande potência, contendo em si tudo o que é percebido nos sentidos do corpo e

---

[123] Cf. *GA* 60, p. 182-191.

[124] Cf. *GA* 60, p. 182-186.

[125] Cf. *GA* 60, p.186.

tudo o que é pensado, recordado e afetado.[126] A essência da memória corresponde ao modo da existência, mas nem sempre a formulação das representações que apresentam o sentimento humano denotam aquilo que o homem efetivamente sente. E isto porque a memória não está acima da alma e nem é propriamente a alma, detentora de noções e de sentimentos por excelência. Mas é na memória que se encontram os sentimentos da alma, acoplados às imagens passíveis de representação, embora tenha de se fazer a distinção entre a imagem mesma e a imagem representada. A primeira é aquela que se manifesta à primeira vista na memória, por exemplo, o sol; a segunda é aquela que representa a imagem da imagem, por exemplo, a dor de um doente. Havendo essa distinção e, por conseguinte, essas duas possibilidades de imagem, a pergunta suscitada é: qual é a proveniência da imagem da memória? De si mesma ou de uma imagem de imagem? Essa pergunta remete a algo que aparentemente é o oposto da memória: o esquecimento. Se o esquecimento opõe-se à memória, enquanto denota o que não se recorda, como é possível então lembrar-se do próprio esquecimento ou do que fora esquecido? O esquecimento é privação e ausência de memória, na qualidade de não estar presente. Mas, se o esquecimento como tal é privação da memória, de que forma pode a memória recordar o que fora esquecido? Ora, o que a memória retém é a imagem do esquecimento a

---

[126] Cf. AGOSTINHO. *Confissões,* X, 14, 22, p. 467: "se ecce de memoria profero, cum dico quattuor esse perturbationes animi, cupiditatem, laetitiam, metum, tristitiam, et quidquid de his disputare potuero diuidendo singula per species sui cuiusque generis et definiendo, ibi inuenio quid dicam atque inde profero, nec tamen ulla earum perturbatione perturbor, cume as reminiscendo commemoro: et antequam recolerentur a me et retractarentur, ibi erant; propterea inde per recordationem potuere depromi" ("Mas ei que eu tiro da memória a afirmação de que são quatro as perturbações da alma, o desejo, a alegria, o medo, a tristeza, e o que quer que acerca delas puder dissertar, dividindo e definindo cada uma segundo as espécies dos respectivos gêneros; na memória encontro, e aí vou buscar, o que digo, sem, no entanto, me perturbar com nenhuma dessas perturbações, quando as evoco, trazendo-as à memória; e estavam lá antes que eu as recordasse e voltasse ao contato com elas; por isso, puderam de lá ser tiradas, mediante a recordação").

ser representada no desenvolvimento funcional da própria memória. Sem essa retenção e sem a presença da imagem na memória, não é possível que o "eu" do homem possa efetivamente recordar o que se esqueceu. Por isso, a memória possui muita força de vida para que, por ela, mais vida seja buscada. Essa força propicia que o hábito criado pelo homem tenha vida, adquira dinamismo e, ainda, busque o que há de ser buscado. Dessa forma, a memória é o meio vital para se buscar o que já se viu, tornou-se passível de recordação e adquiriu a conotação de ser, de ter sido retido, de não ter sido perdido e de ter relação com a possibilidade de perda. No entanto, a memória pode não ser ativada quando se esquece o esquecimento. Isso significa que a memória se torna inerte e isenta de ação? Não! A consciência ativa a memória para que esta seja capaz de recordar o que fora esquecido, porque a consciência é a representação da ação da memória. Disso resulta que o total esquecimento só é possível quando não se tem qualquer vivência da execução da representação, nem algum canal da via de acesso ao que está coberto ou encoberto. Nesse sentido, a memória possibilita a busca do que há de ser buscado e, sendo Deus o que há de ser buscado, então será a memória aquilo que possibilita essa busca. E não haverá outro modo de buscar Deus como o buscado, senão pela própria vida enquanto Deus é *vita vitae*.[127] Mas como se realiza essa busca do buscado?[128]

---

[127] Cf. *GA* 60, p. 186-191.

[128] Cf. MARTINS, Manuel A. Brito. "A leitura heideggeriana do livro X das Confissões de Agostinho", in Centro de Literatura e Cultura Portuguesa e Brasileira – Faculdade de Ciências Humanas (orgs.) *Actas do Congresso Internacional,* op. cit., p. 387-403; Idem. "Deuxième section. La reprise heideggerienne d'Augustin", in *L'herméneutique originaire d'Augustin em relation avec une ré-apropriation heideggerienne.* Fundação Eng. Antonio de Almeida: Porto, 1998, p. 297-319. A autora faz uma interpretação valorativa da memória em Agostinho, a partir da análise fenomenológica feita por Heidegger. Ela apresenta a memória relacionada à pergunta sobre o si mesmo efetuada por Agostinho – quem sou eu? – e relaciona-a ao conceito de reminiscência descrito por Platão, explicitando o caráter sensível da própria memória. A memória é então retenção, presença de si mesma e além de si mesma. A autora também relaciona a concepção de memória nas *Confissões* com

3.3. A *beata vita* e seus caminhos

Seguindo a lógica de Agostinho, Heidegger aponta que a busca de Deus efetiva-se na *beata vita*,[129] cujo alcance remete ao "como" é possível tê-la. A *beata vita* é o que se busca ao buscar a Deus, pois não há como buscar a Deus como uma realidade suprassensível sem a mediação do sensível. Mas essa busca é uma questão de recordar sua necessidade e, por isso, cabe à memória apontar a busca de Deus. Ao fazer tal apontamento, a memória, articulada com a consciência, impulsiona o homem a realizar tal busca, mediante a busca de uma *beata vita*, cujo desdobramento será a própria *beata vita*, concebida como verdadeira vida e como verdade identificada com o próprio Deus. Não se trata de entender a *beata vita* meramente pelo caráter ético, mas possuída pela esperança despertada pela memória. Em geral, todos os homens possuem a *beata vita* na memória, mas tê-la

---

a concepção presente na obra *De Trinitate*, incidindo na *analogia fidei* para compreender a memória na Trindade, denotando uma análise dessa mesma memória a partir do que nela contém. Reforça também a concepção de que Deus habita na memória humana e identifica-se com ela. Dessa forma, a autora também reforça o que havia afirmado Heidegger de que há na memória *ad manum positum*, enquanto o saber e poder realizado que caracterizam o ato teórico do conhecimento. Com isso, explicita-se que Agostinho descobre a *res*, a coisa mesma pelo discernimento da memória que está presente no interior do espírito. Por isso, a memória é em termos heideggerianos, *Vorhanden*, porque ela lá está – no espírito – com seu conteúdo. A autora ainda relaciona a memória com os afetos e a distingue deles, uma vez que ela é a alta potência, afetiva e situante, capaz de conter os afetos nela própria, denotando sua relação com o mundo. Pelos afetos, a memória mantém sua relação com o mundo, retém os acontecimentos consigo, mas também e principalmente possui a capacidade de manter consigo os atos intencionais. Ademais, a autora ainda relaciona a memória com a vida feliz – *beata vita* – porque, se Deus está na memória ou é mesmo a memória, nela se direciona a *continentia* para que o homem tenha ordenada a unidade do "eu!", sem que venha a dispersar-se. Por isso, a memória será memória amorosa, porque só é possível alcançar a *beata vita* quando se experimenta o desejo do amor para amar. Com isso, a autora apresenta a articulação entre memória *sui* com a memória *tui*, explicitando que a capacidade da memória estende-se temporalmente em direção do outro.

[129] Cf. *GA* 60, p. 192-201.

como possessão efetiva ultrapassa o simples ato de recordar. Trata-se de algo não sensível que se possui pelo conhecimento, razão pela qual se ama tal vida. É aqui a situação de execução existencial da *beata vita*, porque ela remete ao si mesmo do homem, a sua facticidade genuína. Por isso, a maneira de se alcançar a *beata vita* tem a perspectiva do desejo de tê-la enquanto alegria e gozo, porque a própria memória propicia que assim seja concebida. Mas a simples alegria ou o simples gozo não implicam que o homem tenha atingido a *beata vita*, porque alegria e gozo constituem estado anímico. Ora, é aqui que se ressalta a relevância do desejo de possuir a alegria ou o gozo, enquanto característica fundamental para se alcançar a *beata vita*. Porque o desejo embutido na própria memória, a mesma na qual Deus se apresenta, possibilita o alcance existencial de uma vida verdadeira, a qual não é outra senão o próprio Deus encontrado na existência.[130] O encontro com Deus é o encontro com a verdade, causa da alegria e, por conseguinte, é a própria *beata vita*. Agostinho é enfático ao afirmar que não há vida feliz verdadeira sem a verdade identificada com o próprio Deus, mesmo que constate uma aparente vida feliz a partir de muitas coisas da carne. Essa vida possibilita contentamento do homem, porque é aquilo que se torna possível quando o caminho é carnal.[131] No entanto, é uma verdade vazia,

---

[130] AGOSTINHO. *Confissões*, X, 22, 32, p. 484-485: "est enim gaudium, quod non datur impiis, sed eis, qui te grátis colunt, quorum gaudium tu ipse ES. Et ipsa est beata uita, gaudere ad te, de te, propter te: ipsa est et non est altera. Qui autem aliam putant esse, aliud sectantur gaudium neque ipsum uerum. Ab aliqua tamen imagine gaudii voluntas eorum auertitur" ("Há uma alegria que não é concedida aos ímpios, mas àqueles que desinteressadamente te servem, cuja alegria és tu. E a vida feliz consiste em sentir alegria junto de ti, vinda de ti, graças a ti: esta é a vida feliz e não há outra. Aqueles, porém, que julgam que há outra vida feliz, perseguem uma alegria que não é a verdadeira").

[131] Idem, Ibidem, X, 23,33, p. 484-485: "non ergo certum est, quod omnes esse beati volunt, quoniam qui non de te gaudere volunt, quae sola uita beata est, non utique beatam uitam volunt. An omnes hoc volunt, sed quoniam 'caro concupiscit adversus spiritum et spiritus adversus carnem, ut non faciant quod volunt', cadunt in id quod valent eoque contenti sunt, quia illud, quod non valent, non tantum

porque a verdade da *beata vita* é verdade existencial, da vida fática, na qual se encontra o esforço pela verdade e o verdadeiro gozo em Deus.[132] Ora, se há a verdade verdadeira – o gozo em Deus – que, de certo modo, está presente na memória e, por conseguinte, é passível

---

volunt, quantum Sat est, ut valeant?" ("Não é certo, pois, que todos queiram ser felizes, porque aqueles que não querem sentir alegria em ti, o que é a única vida feliz, não querem realmente a vida feliz. Ou será que todos o querem, mas, porque a carne tem desejos contrários ao espírito e o espírito desejos contrários à carne, a ponto de não fazerem o que querem (Gl 5,17), caem naquilo que são capazes e contentam-se com isso, porque aquilo de que não são capazes não o querem tanto quanto é necessário para serem capazes?").

[132] Idem, Ibidem, X, 23, 33, p. 484-487: "beata quippe uita est gaudium de ueritate. Hoc est enim gaudium de te, qui 'ueritas' est, deus, 'inluminatio mea, salus faciei meae, deus meus'. Hanc uitam beatam mones volunt, hanc uitam, quae sola beata est, oomnes volunt, gaudium de veritate omnes volunt" ("Pois a vida feliz é uma alegria que vem da verdade. É uma alegria que vem de ti, que és a Verdade (Jo 14,6), 'ó Deus, que és minha luz (Sl 26,1), salvação da minha face, ó meu Deus, (Sl 41, 6-7.12; 42,5). Todos querem esta vida feliz, todos querem esta vida, que é a única feliz, todos querem a alegria que vem da verdade"). Segundo FISCHER, Norbert. "Die Wahrheitserkenntnis auf der Grundlage der Selbsterfahrung und der Nachforschung in der memoria", in *Augustins Philophie der Endlichkeit,* op. cit., p. 203-235; Idem. "Narrativa – Reflexão – meditação", op. cit, p. 260-265 afirma que toda busca do buscado efetua-se no temporal, uma vez que é sempre a expectação concreta do homem, sua atenção e sua rememoração, em que pode estar presente o temporal, seja aquele imediatamente vivido ou o temporal tornado acessível por meio do relato de outrem. Por isso, segundo esse autor, a tarefa do pensamento é visualizar a vida, é apresentar o caminho do espírito para seu íntimo. Mas é nesse caminho que o homem sente o temor em função da consciência da mortalidade e, por isso, cai em aflição, se vê temporalmente e constata a fugacidade do tempo. Por isso, o homem almeja a vida feliz que consiste em amar a Deus, amando o amigo e também o inimigo. Nesse amor, residem a esperança e o próprio sentido positivo do tempo, pelo qual distende seu espírito, exercita sua liberdade, defronta-se com sua natureza mortal e pela memória visualiza a possibilidade de se libertar da mortalidade, dado que a memória possui o conhecimento da eternidade, da vida feliz junto de Deus. A fé nessa verdade é chamada pelo autor de contemporaneidade na medida em que o homem, em sua inquietude, perpassa todo o tempo – passado, presente e futuro – dando-lhe unidade e sendo ele mesmo, vindo a existir com *dissentio animi,* correndo o risco de perder-se na distensão, mas também luta para ter a vida feliz.

de obtenção de todos os homens, a denominada verdade vazia é a verdade oculta, encoberta e que pode ser descoberta, cujo acesso só é possível por quem estiver sem moléstia perturbadora, amar a verdade somente, uma vez que somente a verdade torna todas as coisas verdadeiras. Eis aqui o nexo existencial da verdade, a verdadeira *beata vita*, o gozo em Deus.

O caminho da *beata vita* está na memória e para compreendê-lo Heidegger[133] apresenta a dinâmica do perguntar e do ouvir inferida de Agostinho. Isso não significa que a busca de Deus – *beata vita* – seja algo de cunho meramente psíquico, antes a busca se faz por meio da memória, porque é nela que Ele se encontra. Diante disso, urge a pergunta: como ter acesso a Deus, que se encontra na memória, seu *lócus* por excelência? Heidegger reconhece que Agostinho acentua a onisciência e a onipresença divina, mas que a alma possibilita a ativação da memória pela qual se recorda de Deus. Ao recorrer à alma, Heidegger infere de Agostinho a recorrência aos afetos humanos intrínsecos à alma, ainda que Deus os ultrapasse e que neles não se encontre. Ao conhecer os sentimentos, o homem conscientiza-se de que é aprofundando em si mesmo, buscando conhecer seu "eu", que pode encontrar a Deus. Desse modo, a busca por Deus – o buscado – é interior e não exterior, é uma experiência da existência, imbuída de facticidade, em que o homem ama a Deus no tempo, tem a presença constante e onisciente de Deus e vive uma profunda presença desse mesmo Deus, ao experimentar o rompimento da surdez, a iluminação da luz que supera a cegueira, a fragrância que faz respirar, de saborear e ter fome do próprio Deus e de ser tocado e arder de paz.[134] Reside aqui a relevância do afeto

---

[133] Cf. *GA* 60, p. 202-205.

[134] AGOSTINHO. *Confissões*, X, 27, 38, p. 490-493: "sero te amaui, pulchritudo tam antiqua et tam noua, sero amaui! Et ecce intus eras et ego foris et ibi te quaerebam et in ista formosa, quae fecisti, deformis inruebam. Mecum eras, et tecum non eram. Ea me tenebant longe a te, quae si in te non essent, non essent. Vocasti et clamasti et rupisti surditatem meam, coruscasti, splenduisti et fugasti caecitatem meam, flagrasti, et duxi spiritum et anhelo tibi, gustaui et esurio et

de Deus ao homem, experimentado nos afetos humanos, cuja não percepção é consequência de um "eu" ainda não formado, não constituído de unidade com Deus.

Para que o "eu" esteja formado torna-se necessário que a vida fática tenha como traço fundamental o *curare*.[135] Mas do que se deve *curare*? A interpretação heideggeriana é clara: da dispersão constante na vida. Pela dispersão não se consegue amar e nem sentir o amor de Deus, desenvolve-se a alegria sem que ela seja plena e verdadeira, adere-se à fugacidade e não à felicidade. Na dispersão a vida fática é confirmada à medida que se articulam desejo e temor, prosperidade e adversidade. O que se busca então não deve ser buscado fora da vida e com isenção de historicidade e de existencialidade, mas no horizonte de expectativas fático-concretas, em que o *Dasein* é determinado por seu aí histórico-existencial e que o *curare* deve ser desenvolvido. Ora, tomar outro caminho é propiciar o rompimento com o caráter histórico da existência da vida, na qualidade de ruptura com o próprio *curare*. Em realidade deve-se romper com a visão antiexistencial da questão, cujo *curare* é colocado em um plano distante do caráter histórico-existencial da vida. Na concepção heideggeriana, ao articular os aparentes contrários – *timor* e *desiderum*, *prosperitas* e *adversitas* –, Agostinho atinge o ápice da questão da existência. Ele se expressa existencialmente ao afirmar que sua própria vida é um problema para si mesmo. Seu "eu" é um problema à medida que deve confrontá-lo. E o que significa esse combate de si mesmo? A solução

---

sitio, tetigisti me, et exarsi in pacem tuam" ("Tarde te amei, beleza tão antiga e tão nova, tarde te amei! E eis que estavas dentro de mim e eu fora, e aí te procurava, e eu sem beleza, precipitava-me nessas coisas belas que tu fizeste. Tu estavas comigo e eu não estava contigo. Retinham-me longe de ti aquelas coisas que não seriam, se em ti não fossem. Chamaste, e clamaste, e rompeste a minha surdez; brilhante, cintilaste e afastaste a minha cegueira; exalaste teu perfume, e eu aspirei e suspiro por ti; saboreei-te [Sl 33; 1Pd 2,3] e tenho fome e sede [Mt 5,6; 1Cor 4,11]; tocaste-me, e abrasei-me no desejo de tua paz").

[135] Cf. *GA* 60, p. 205-210.

encontrada é a continência,[136] mas essa continência está relacionada a que exatamente? Às tentações: da carne, dos olhos e da soberba.

3.4. As tentações: da carne, dos olhos e da soberba

A incursão de Heidegger para analisar as três tentações[137] elencadas por Agostinho é marcada por intensidade e por entusiasmo temático, pois se trata de total superação de moralismos, oriundos do dualismo antropológico separatista que estigmatizou negativamente o pensador cristão de Hipona.[138] A perspectiva fundamental que Heidegger encontra em Agostinho é o acesso à *beata vita* e, por consequência disso, um movimento intenso contra a dispersão que impede o acesso à vida feliz. Constata-se ainda que a vida é marcada

---

[136] AGOSTINHO. *Confissões*, X, 29, 40, p. 495: "per continetiam quippe colligimur et redigimur in unum, a quo in umlta defluximus. Minus enim te amat qui tecum aliquid amat, quod non propter te amat. O amor, qui semper ardes et numquam extingueris, caritas, deus meus, accende me! Conti netiam iubes: da quod iubes et iube quod uis" ("Efetivamente, pela continência saímos da dispersão e somos reconduzidos à unidade, da qual nos dissipamos em muitas coisas. Na verdade, ama-te menos aquele que, ao mesmo tempo que a ti, ama alguma coisa, que não por causa de ti. Ó amor que ardes continuamente e nunca te extingues, caridade, ó meu Deus, inflama-me! Ordenas a continência: concede-me o que ordenas e ordena-me o que queres").

[137] Cf. *GA* 60, p. 210-235.

[138] Cf. GARCÍA RUBIO, Alfonso. "Capítulo 2: A raiz do problema", in *Unidade na pluralidade. O ser humano à luz da fé e da reflexão cristãs*. Paulinas: São Paulo, 1989, p. 75-90; GONÇALVES, Paulo Sérgio Lopes. "O ser humano à imagem e semelhança de Deus: a Antropologia Teológica", in GONÇALVES, Paulo Sérgio Lopes – TRASFERETTI, José (orgs.). *Teologia na pós-modernidade,* op. cit., p. 251-299. Analisa-se aqui o conceito de antropologia teológica, a tensão entre monismo e dualismo, e o estigma dado a Agostinho em ser um dualista separatista que trouxe ao Ocidente a herança da culpabilidade oriunda do pecado original, superado pela graça de Cristo. O que busca recuperar neste texto é uma antropologia que seja marcada por um dualismo de integração, capaz de apontar o homem como pessoa à imagem e semelhança de seu criador.

por uma constância da tentação, cujas moléstias advindas não devem ser amadas senão apenas e tão somente toleradas. Mas como entra a tentação na vida humana? Pela concupiscência; "*con-cupiscere*: desejar conjuntamente também uma concentração, porém de um tipo tal que o concentrado é precisamente o mundano – 'objetivo' e o si mesmo é atraído para isso".[139] Isso não implica efetuar um juízo axiológico, mas constatar a imersão humana nessa realidade, naquilo que Agostinho, inferindo da primeira carta de João (1Jo 2,15-17) denomina de mundo. O mundo é passageiro, decadente e denotativo das concupiscências da carne – *carnis* –, dos olhos – *oculorum* – e da soberba – *ambitio saeculi* – e, em perspectiva confessional, deve ser visto em confronto com o comportamento do homem frente às concupiscências. Nesse sentido, a vida se torna uma questão a ser pensada enquanto "eu" do próprio homem. A pergunta, então, que o homem faz a si mesmo é: quem sou eu? Ou: o que sou eu? Suscitar esse questionamento é exercitar a própria existência, é colocá-la em aberto e pensar no modo de resistir às tentações.[140] Elas se manifestam de diversas maneiras, como nos sonhos, por exemplo, ou

---

[139] *GA* 60, p. 211: "Con-cupiscere: zusammen-begehren, auch eine Konzentration, nur eine solche, wo das Konzentrierende gerade das 'Objektive' – Weltliche ist und das Selbst dahinein gezogen wird".

[140] Cf. AGOSTINHO, Santo. *Confissões,* X, 28, 39: "cum inhaesero tibi ex omni me, nusquam erit mihi dolor et labor, et uiua erit uita meã tota plena te. Nunc autem quoniam quem tu imples, subleuas eum, quoniam tui plenus non sum, oneri mihi sum. Contendunt laetitiae meae flendae cum laetandis maeroribus, et ex qua parte stet Victoria nescio. Contendunt maerores mei Mali cum gaudiis bonis, et ex qua parte stet Victoria nescio" ("Quando estiver unido a ti [Sl 62,9] por todo o meu ser, não existirá para mim em parte alguma dor e labor [Sl 9b,28; 89,10], e viva será a minha vida inteiramente cheia de ti. Agora, porém, porque tu levantas aquele a quem enches de ti, eu sou um peso para mim mesmo, porque de ti não estou cheio. As minhas alegrias, dignas de pranto, litigam com as minhas tristezas, dignas de júbilo, e eu não sei de que lado está a vitória"). Conforme é verificado, Agostinho busca Deus inserindo-se no mais profundo de sua existência, efetuando uma autointerrogação que o coloca diante de si como um problema para si mesmo, cuja solução está no mergulho em sua existência para encontrar o buscado: Deus.

no simples desejo de experimentá-las, sem que um juízo axiológico seja-lhe diretamente empregado. Elas se apresentam fenomenicamente à realidade humana e suplantam o dualismo de corpo e alma, matéria e espírito, sensibilidade e razão, trazendo à tona o desafio de pensá-las na perspectiva da existência do homem. Isso significa que a análise das concupiscências implica em levar a cabo a quotianeidade do homem, a totalidade de suas experiências fáticas, nas quais os fenômenos da existência emergem.[141]

Partindo então de sua análise existencial, Heidegger apresenta a concupiscência da carne considerando o desejo – *voluptas* –, o atrativo dos aromas – *illecebra odorum* –, os prazeres dos ouvidos – *voluptas aurium* –, os prazeres dos olhos – *voluptas oculorum* – e os estímulos exteriores – *operatores et sectatores pulchritudinum exteriorum.*[142] O desejo articula delícias e calamidades, saciedade de ambição, o perigo de incidir no erro e o gozo pela realização do que se desejou. Mas o desejo produz a inquietude denotativa de que a *beata vita* ainda não foi alcançada. Seria então necessário romper com o desejo? O mesmo se deve perguntar a respeito dos aromas, das palavras prazenteiras, da beleza mundana a ser olhada e dos estímulos exteriores tão instigantes. Heidegger reconhece em Agostinho sua luta para deixar de ter essas experiências, mas ao mesmo tempo constata que a luta para deixar de tê-las é inútil. E por que se faz presente tal inutilidade? Porque a existência humana em sua autenticidade supõe todas essas vivências, enquanto abertura a um vasto horizonte de possibilidades. Como poderia o homem deixar de sentir o aroma agradável das plantas e das flores ou sentir outros aromas menos agradáveis? Ou ainda de que modo seria possível ao

---

[141] Cf. *GA* 60, p. 205-214. Essa análise se insere na perspectiva do *curare* que em *Sein und Zeit* será desenvolvido com maior profundidade na categoria *Sorge*. Para isso, pode-se conferir VOLKAMANN-SCHLUCK, Karl-Heinz. "Erst Teil: Die Postmetaphysiche Seinfrage in 'Sein und Zeit'", in *Die Philosophie Martin Heideggers. Eine Eifürung in sei Deinken.* Königshausen & Neumann: Würzburg, 1996, p. 27-86.

[142] Cf. *GA* 60, p. 214-222.

homem deixar de sentir funcionalmente seus ouvidos, pelos quais chegam boas e más palavras? Também o homem poderia deixar de olhar as belas e variadas formas, as cores luminosas e agradáveis, e tantas outras coisas mundanas que lhe são apresentadas? Ou ainda, poderia abdicar de atender aos estímulos exteriores para desenvolver suas capacidades e habilidades? Em tudo isso, consta um profundo nexo existencial, do qual o homem não pode abdicar. Ora, se o homem tornou-se um problema para si mesmo, por que a facticidade de sua vida é marcada por uma quotidianeidade impregnada dessa totalidade de desejar, ouvir, ver e lançar-se? A autenticidade da existência não requer a fuga de tudo isso, mas sua vivência enquanto experiência histórico-existencial e tomada de decisão no interior da própria vida. Ao enfrentar a vida, o homem encontra-se com a tentação e não há como escapar-se dela.[143]

É aqui que se encontra o nexo existencial da experiência religiosa: o existir autêntico não requer necessariamente que o homem fuja do mundo, mas que ele assuma o risco da decisão em assumir os paradoxos presentes em toda tentação, em compreender o caráter de funcionamento do ouvir, do olhar e do desenvolver suas habilidades. Ao tomar tal decisão, o homem conhece a própria insegurança, imbui-se da possibilidade de apreender a segurança de sua vida, de apropriar-se dos resultados acessíveis aos afetos do espírito – por que não ouvir uma bela música ou uma bela recitação de poesia? – e de desenvolver a familiaridade com aquilo que se vê e se contempla exatamente por ter visto. Ao enxergar a totalidade que a vida lhe proporciona, o homem entra no horizonte da decisão, da

---

[143] Cf. *GA* 60, p. 217: In dieser Erfahrungsrichtung also ist ursprüngglich das Selbst zu suchen. In dieser und nur in dieser begegmet die *tentatio*. D.h. sofern sie da ist, muss das Lebem, *sta vita,* so erfahren werden, – das Selbst dabei genommen in der vollen Faktizität des Erfahrens" ("É a direção da experiência onde tem originariamente que buscar o si mesmo. Nela, e somente nela, encontra-se a *tentatio*. Ou seja, na medida em que está aí, a vida, *sta vita,* há de ser experimentada assim, sendo assumido aí o si mesmo em plena facticidade do experimentar").

disposição e disponibilidade para a transformação, visando o novo, enquanto singular transição fática da própria vida. Mesmo quando estimulado exteriormente a buscar as coisas fora de si mesmo, o homem defronta-se com a abertura de possibilidades que a própria vida lhe oferece e se vê diante da questão: qual caminho a tomar? A decisão do homem pode ser por uma comodidade egocêntrica, mas que lhe abre a possibilidade de colocar-se como miserável[144] diante da luz verdadeira,[145] pela qual o homem alcança a *beata vita*.

---

[144] AGOSTINHO. *Confissões,* X, 34, 53, p. 512-513: "ego autem haec loquens atque discernens etiam istis pulchris gressum innecto, sed tu euellis, domine, euellis tu, quoniam 'misericordia tua ante óculos meos est'. Nam egoa capior miserabiliter, et tu euellis misericorditer aliquando non sentientem, quia suspensius incideram, aliquando cum dolore, quia iam inhaeseram" ("Eu, porém, quando exponho e examino isto, também enredo os meus passos naquilo que é belo, mas tu libertas-me, Senhor, libertas-me, 'porque a tua misericórdia está diante dos meus olhos' (Sl 25,3). Na verdade, eu deixo-me prender miseravelmente e tu liberta-me misericordiosamente, umas vezes sem eu sentir, porque a minha queda não tinha sido até ao fundo, outras vezes com dor, porque já estava atolado").

[145] Idem, Ibidem, X, 34, 52, p. 510-511: "o *lux*, quam uidebat Tobis, cum clausis istis oculis filium docebat uitae et ei praeibat pede caritatis nusquam errans; aut quam uidebat Isaac praegrauatis et opertis senectute carneis luminibus, cum filios non agonoscendo benedicere, sed benedicendo agnoscere meruit; aut quam uidebat Iacob, cum et ipse prae grandi aetate captus oculis in filiis praesignata futuri populi genera luminoso corde radiauit et nepotibus suis ex Ioseph diuexas mystice manus, non sicut pater eorum foris corrigebat, sed sicut ipse intus discernebat, imposuit. Ipsa est *lux*, uma est et unum omnes, qui uident et amant eam" ("Ó luz, que era vista por Tobias, quando, fechados estes olhos, ensinava ao filho o caminho da vida e caminhava a sua frente com os pés da caridade [Tb 4,2], sem nunca se perder; ou a que Isaac via, quando, agravados e velados os olhos carnais pela velhice, mereceu não abençoar os filhos reconhecendo-os, mas sim reconhecê-los abençoando-os [Gn 27,1-40]; ou a que Jacob via, quando, também ele privado da vista por causa de sua avançada idade, irradiou luz de seu luminoso coração sobre as gerações do povo futuro, prefigurada nos filhos, e impôs as mãos misticamente cruzadas sobre os seus netos, filhos de José, não como o pai deles o corrigia exteriormente, mas como ele próprio vislumbrava interiormente [Gn 48,3–49,28]". Ele é a luz, a única luz, e uma só coisa são todos os que a veem e amam").

A concupiscência dos olhos[146] permite ao homem desenvolver a curiosidade frívola do saber, uma vez que pelos olhos se possibilita despertar a curiosidade. Mas em que medida se entende aqui o caráter tentador dos olhos? Na medida em que o olhar desperta a curiosidade para um ato de conhecer que desperta um apetite *"des experiendi"*[147] que desemboca na ânsia do conhecimento, do experimentar para obter e aprender conhecimento e para olhar ao redor da situação em que se encontram os outros homens. A curiosidade assim entendida anseia pelo novo, desperta o desejo pelo desconhecido e por acumular novas experiências. A curiosidade compreendida como ansiedade pelo conhecimento contrapõe-se ao desejo de procurar coisas belas, perfumáveis e agradáveis ao sabor e ao tato. Essa curiosidade desnuda e funda a decadência para a dedicação à magia, à mística e à teosofia.[148] Mas essa curiosidade pode conduzir o homem à luz verdadeira? Sim. Isso é possível à medida que se admite que o próprio Deus suporte que o homem experimente a curiosidade, inferindo que os olhos possibilitem o ato de enxergar e o ato de conhecer. E, para que os olhos, cuja concupiscência está no deleite de ver, superem aquela curiosidade que incide na dispersão, torna-se necessário que haja a luz para ver com claridade. Essa luz é Deus, e na visão de Agostinho é acessível ao homem pela misericórdia divina, vista com esperança o homem que se dispersou.

A terceira forma de tentação é a concupiscência da soberba ou *"ambito saeculi"*.[149] Heidegger a compara com as duas anteriores – a concupiscência da carne e a concupiscência dos olhos – e, relacionando-as, constitui um tripé de tentações. Essa última tentação corresponde ao estado de espírito do homem, da vigência do que o homem experimenta facticamente, da relação

---

[146] Cf. *GA* 60, p. 222-227.
[147] *GA* 60, p. 223.
[148] Cf. AGOSTINHO. *Confissões*, X, 35, 55, p. 515-517.
[149] Cf. *GA* 60, p. 227-237.

mundanal experimentada por ele. É aqui que reside o sentido mesmo da existência do homem enquanto *Dasein*, o aí do ser devidamente situado na vida.[150] Ora, então como se desdobra a concupiscência do "*ambito saeculi*"? Antes de tudo, no ato de aspirar a ser simultaneamente temido e amado. Esta aspiração – *velle* – apresenta-se na experiência dos olhos, das pretensões, dos juízos, dos sabores ou naquilo que é o oposto disso. Por isso, aspirar a ser amado e ser temido denota a importância que se dá ao mundo compartilhado e vivido, cuja linguagem emergente é o que nutre esse modo de tentação. E isto porque a linguagem é a vinculação ôntica do homem com sua soberba, pois por ela o homem expressa-se como soberba. Nessa linguagem de soberba, o homem exprime-se como *Dasein* egoísta e, por isso, objetivamente vincula-se à moléstia. Além de temer e ser amado, o homem é também tendente à vanglória, à busca de um louvor próprio que o coloca em um patamar de autoridade de alguma coisa, tomando esta experiência como prazenteira. A interpretação heideggeriana de Agostinho indica que o homem molestado é uma determinação da facticidade, cuja diversidade experiencial constitui os diversos modos possíveis de efetivar essa mesma facticidade. Dessa forma, a agitada busca dos louvores é o cuidado – *curare* – para agradar em um mundo de compartilhamento. A própria relação mundanal propicia que um homem pronuncie elogios a outro homem, reconhecendo seus méritos e dignidade de ser louvado. No entanto, o próprio Heidegger chama a atenção para o fato de que Agostinho não reprova o louvor em si, mas

---

[150] *GA* 60, p. 228: "Das *Dasein*, das Selbst, das Wirklichsein des Lebens ist ein Aufgehen. Das Selbst wir Von der Welt gelebt, und gerade dann am stärksten, wenn es in solchem *Dasein meint,* eigentlich zu leben. Dises Gelebtwerden ist ein besonderes Wie der Faktizität und nur vom eigentlichen Existenzsinn her zu explizieren" ("O *Dasein,* o si mesmo, o ser efetivo da vida, é um ser absorvido, um verter-se e um dissolver-se. O si mesmo é vivido pelo mundo, e com tanto mais força, ali onde e quando mais e com maior intensidade crê viver autenticamente em semelhante *Dasein*. Este ser vivido é um modo específico da facticidade e só pode ser explicado a partir do sentido autêntico da existência").

todo tipo de louvor e de vanglória incompatível com o próprio Deus[151] e que impossibilita a *beata vita*. Ocorre que o louvor recebido enquanto louvor verdadeiro deve ser compreendido como *donum Dei*, visto em consonância com a *iustitia*. Esta é concebida na perspectiva da *gratia Dei*. Mas quando se vê a situação do ponto de vista do próprio homem, então o melhor é que o homem se debruce a louvar a Deus, ao invés de ser louvado, a fim de que não incida na vanglória. Isso implica em desenvolver o louvor na perspectiva da *iustitia Dei,* que possibilita reconhecer em Deus, seja recebendo o louvor seja louvando a Deus, o *summum bonum*. Isso significa que o homem não deve rechaçar a possibilidade de ser louvado, nem de colocar-se em uma posição cômoda diante dos elogios recebidos, mas de buscar ir mais além no mundo compartilhado em que está situado. Este ir mais além é propriamente a constante busca pela verdade que Heidegger acena estar presente em Agostinho, não enquanto fuga do mundo compartilhado ou refúgio em realidades distantes da efetiva realidade do homem, mas como mergulho neste mesmo mundo. Trata-se de um entregar-se genuíno em que o homem assume seu próprio *lócus* de existência e não o *lócus* de Deus.[152] A possibilida-

---

[151] AGOSTINHO. *Confissões,* X, 38, 63, p. 528-529: "sermoa utem ore procedens et facta, quae innotescunt hominibus, habent temptationem periculosissimam ab amoré laudis, qui ad priuatam quandam excellentiam contrahit emendicata sufragia: temptat, et cum a me in me arguitur, eo ipso, quo arguitur, et saepe de ipso uanae gloriae contemptu uanius gloriatur ideoque non iam de ipso contemptu gloriae gloriatur: non enim eam contemmnit, cum gloriatur" ("As palavras, porém, que saem da boca, e as obras que se tornam conhecidas aos homens encerram uma tentação muitíssimo perigosa, por causa do desejo de ser louvado, o qual concentra os votos que mendiga numa espécie de enaltecimento pessoal: tenta-me, e quando por mim, em mim, é denunciada, pelo mesmo fato de ser denunciada e, muitas vezes, pelo mesmo desprezo da vanglória, gloria-se vãmente, e, por isso, já se não gloria do próprio desprezo da glória: com efeito, não a despreza quando se gloria").

[152] AGOSTINHO. *Confissões,* X, 36, 59, p. 521-523: "(...) ut, dum auide conligimus, incaute capiamur et a veritate tua gaudium nostrum deponamus atque in hominum fallacia ponamus, libeatque nos amari et timeri non propter te, sed

de efetiva de entrega realiza-se pelo cumprimento da *continentia*, compreendia em articulação com a *iustitia Dei*, assumida como "o estar dirigido para o sentido verdadeiro originário ('piedade', conforme a compreensão da *iustitia* de Lutero) na totalidade da experiência fática do importante".[153] Isso implica que o homem deva mergulhar no mundo compartilhado, tomando a si mesmo como algo importante, não desprezível e fundamentalmente existencial.

3.5. Existência e facticidade da vida

Diante do horizonte da *beata vita* e das tentações que são colocadas ao homem, Heidegger busca reforçar o comportamento do homem enquanto *Dasein* que pensa sua existência no mundo compartilhado, buscando interpretar o amor de si mesmo aludido e desenvolvido por Agostinho.[154] Trata-se de se defrontar existencialmente com a autocomplacência, colocada enfaticamente pelo próprio Agostinho:

> Também dentro de nós, dentro de nós, existe, no mesmo gênero de tentação, outro mal que torna vãos aqueles que se comprazem

---

pro te, atque isto modo sui símiles factos secum habeat non ad concordiam caritatis, sed ad consortium supplicii, qui statuit sedem suam ponere in aquilone, ut te peruersa et distorta uia imitanti tenebrosi frigidique seruient" ("... enquanto recebemos avidamente estes aplausos, sejamos apanhados incautamente, e desliguemos a nossa alegria da tua verdade, e a coloquemos na falsidade dos homens, e nos agrade ser amados e temidos, não por causa de ti, mas em vez de ti, e, deste modo, aqueles que se tornaram semelhantes a ele, os tenha consigo, não para a concórdia da caridade, mas para a partilha do suplício, ele que determinou colocar a sua morada no aquilão [Sl 14,13], para que, envolvidos pelas trevas e pelo frio, eles servissem aquele que imitou, por caminhos perversos e tortuosos").

[153] *GA* 60, p. 237: "Iustitia ist die eigentlich ursprünglich sinnhafte Gerichtetheit (Frömmigkeit vgl. Luther Verstäbdnis der iustitia)im Ganzen der faktischen Bedeutsamkeitserfarung".

[154] Cf. *GA* 60, p. 237-241.

em si e a si mesmos agradam, ainda que não agradem aos outros, ou lhes desagradem, e nem procurem agradar-lhes. Mas, agradando a si mesmos, desagradam-te muito a ti, não só quando se gloriam de coisas não boas como se fossem boas, mas também dos teus bens como se fossem seus, ou até como se fossem teus, mas obtidos por méritos seus, ou ainda como se fossem obtidos por tua graça, todavia não partilhando com outros, mas privando-os dela.[155]

Conforme a análise heideggeriana quatro elementos são constatáveis nesse pensamento: *de non bonis quase bonis*,[156] o *veritum etiam de bonis tuis quase suis*,[157] o *aut etiam sicut de tuis, sed tanquam ex meritis suis*[158] e o *aut etiam sicut ex tua gratia, non tamen socialiter gaudentes, sed aliis invidentes ea*.[159] O primeiro corresponde ao fato de que o homem pode tomar por boas as coisas que não o são, evidenciando aqui, em sentido existenciário, o que ele é a modo próprio, por aquilo que fez, que faz e que se constitui de possibilidades. O segundo refere-se à possibilidade existencial que o homem tem de possuir algo que é Deus. Não se aplica qualquer conotação moral, mas existencialmente o homem tem algo enquanto *Dasein* que se entrega e mergulha neste mundo compartilhado. O terceiro corresponde ao fato do homem ter existencialmente mérito naquilo que realiza, explicitando sua dignidade em possuir o dom da entrega, do dar-se de si aos outros homens que estão neste mundo. Trata-se de um bem, no sentido existencial, compreendido como um *bonum*, passível de existência em função da

---

[155] AGOSTINHO. *Confissões*, X, 39, 64, p. 528-531: "intus etiam, intus est aliud in eodem genere templationis malum, quo inanescunt qui placent sibi de se, quamuis alii uel non placeant uel displiceant Nec placere affectent ceteris. Sed sibi placentes multum tibi displicent non tantum de non bonis quase bonis, uerum etiam de bonis tuis quase suis, aut etiam sicut de tuis, sed tamquam ex meritis suis, aut etiam sicut ex tua gratia, non tamen socialiter gaudentes, sed aliis inuidentes eam".

[156] Cf. *GA* 60, p. 238.

[157] Cf. *GA* 60, p. 238.

[158] Cf. *GA* 60, p. 239.

[159] Cf. *GA* 60, p. 239.

iustitia Dei. O quarto é referente à própria decadência ou inserção existenciária do homem no mundo que é compartilhado. Aí, o homem tem a possibilidade do egoísmo, da inveja, de fechar-se em si quando se defronta consigo mesmo. É o momento paradoxal em que o homem é tentado a não unir-se ao mundo compartilhado e também imbuído de decadência aberta às novas possibilidades. Na decadência o homem insere-se verdadeiramente no mundo, caracterizando assim o *bonum*, executa sua presença nele e penetra a realidade abissal, com a única preocupação de tornar o si mesmo importante na relação com o mundo. Mas nisso reside o perigoso e satânico caráter da tentação: o de tornar essa decadência egoísta e, por conseguinte, cômoda, ou, diante desse mesmo perigo, possibilitar que o si mesmo se esvazie. O homem é *Dasein*, cuja característica própria é ter a si mesmo, em plena facticidade, no mundo compartilhado. Na interpretação heideggeriana, aí está o temor de Agostinho:[160] defrontar-se consigo mesmo, com seu "eu", com sua existência.

Diante do anunciado caminho existencial, Heidegger busca concluir sua obra tomando a moléstia como facticidade da vida[161] realizada na decadência e no acesso da existência. Para isso, o filósofo alemão evidencia que o homem descobre-se na tentação que permeia toda a vida, porque a vida é toda tentação. A isso não se deve dar uma única direção, pois a tentação possui sempre duas possibilidades: a de decadência e a de acesso. Mas o decisivo não é tomar uma ou outra determinação, mas enredar o nexo entre elas. As duas determinações se articulam, se movimentam juntas na totalidade da vida e se executam no ser, no conhecer e no amar que, enquanto possibilidades de vida, são possibilidades de tentação. Nisso reside a objetividade mundana: viver a vida é viver as possibilidades da *tentatio* e, por

---

[160] AGOSTINHO. *Confissões,* X, 39, 64, p. 530-531: "in his omnibus atque in huiuscemodi periculis et laboribus uides tremorem cordis mei, et uulnera meã magis subinde a te sanari quam mihi non infligi sentio" ("Em tudo isto e nos perigos e trabalhos deste gênero, tu vês o tremor do meu coração, e sinto que é mais frequente tu curares as minhas feridas do que eu não as infligir a mim mesmo").
[161] Cf. *GA* 60, p. 241-246.

meio delas, que constituem a própria facticidade da vida, não apenas experimentar a decadência, mas também o acesso. Nesse sentido, a intensa vivência da vida denota que maior é a plena execução das experiências da facticidade, pelas quais se explica o sentido mesmo dessa facticidade,[162] na qualidade de inserção e desenvolvimento do próprio *curare*. Daí decorre a determinação do próprio acesso do ser, cuja consistência está na experiência da vida.[163]

Heidegger então evidencia que a moléstia corresponde à facticidade da vida, à medida que seu sentido está determinado pelo modo genuíno da própria vida. Ele realça o modo como se desenvolve a facticidade da vida, cujo desdobramento efetiva-se em quatro aspectos. O primeiro é a importância que a vida possui para o próprio homem, enquanto existência desenvolvida, realizada facticamente. Disso resulta a necessária preocupação com a execução da facticidade da vida, vivida na intensidade mesma do homem. O segundo é a vida, que está constituída pelas determinações da decadência e

---

[162] *GA* 60, p. 242-243: "Das Je mehr das Leben lebt besagt: je voller die Erfahrungsrichtungen der Faktizität vollzogen werden. Das betrifft zunächst nicht so sehr die Fülle dessen, was erfahren wird, sondern die Erfahrungsrichtungen als solche – die umweltliche, mitweltliche und selbstweltliche –: je mehr diese als solche voll sind, den ihnen bzw. Ihrer Faktizität Eigenen Vollzugszusamenhag unter sich gewinnen, ist der volle Sinn historisch faktisch erklärt" ("O quanto mais se vive a vida quer dizer: quanto mais plenamente são executadas as direções da experiência da facticidade. Isto não afeta em princípio somente à plenitude de tudo aquilo que é experimentado, mas também as direções da experiência como tais – a do mundo que nos rodeia, a do mundo compartilhado e a do mundo próprio –; quanto mais plenamente são estas como tais e mais fazem seu o nexo da execução que lhes é próprio ou, respectivamente, que corresponde a sua facticidade, melhor é explicado histórica e facticamente o sentido pleno").

[163] *GA* 60, p. 243: "Das Je mehr das Leben zu sich selbst kommt ist die zweite Bestimmung und zeigt na, dass das Sein des Lebens irgendwie darin mitbesteht, dass ES gehabt wird: jê mehr das Leben erfährt, dass ES in seinem vollenEigenvollzug um ES selbst, um sein Sein geht" ("O quanto mais aceder a vida a si mesma é a segunda determinação e indica que o ser da vida consiste também de algum modo em ser tido: quanto mais experimenta a vida, o que está em jogo em sua plena realização é mesmo o seu ser).

do acesso, estando nela contidos tanto o temor quanto o amor, na qualidade de situação vigente do homem compreendido existencialmente. O terceiro é que a experiência fática é fundamentalmente a experiência de desenvolver a vida de modo próprio, com a existencialidade que cada homem tem e desenvolve. Não há, então, uma vida única para todos os homens; há uma existência a ser desenvolvida a modo próprio. O quarto é que a experiência fática é a vida com todas as suas incursões, seus devaneios, suas subidas e descidas, seu caminho próprio, pelo qual o homem abre novos caminhos e novas possibilidades de vida. Esses aspectos realçam a necessidade do homem se autocompreender como *faktische Lebenserfahrung* ou *Dasein* que se preocupa com o seu "eu" que é o que é e de modo possível de ser. Isso implica em acolher a previedade da própria vida, a realidade que é apresentada ao homem e seu porvir de existência autêntica – ou inautêntica – que pode ser antecipado no instante em que o homem decidir viver a vida, primordialmente a partir da irrupção de seu caráter histórico, com o qual cada homem se vê imerso em um mundo de compartilhamento. Aqui reside a diferença do *Dasein* e o ter a vida em sua facticidade existencial, denotativa da constante ação de *curare*.

4. Desdobramentos para análise da religião na pós-modernidade

A análise heidggeriana da vida religiosa, realizada com base no livro X das *Confissões* de Agostinho, não está isenta de apontamentos de limites,[164] denotativos em se tratar de uma análise estritamente fenomenológica, sem qualquer pretensão teológica ou algo similar. No entanto, ela é indicativa para compreender que a religião na pós-modernidade está isenta de preconceitos, consequências do dua-

---

[164] Cf. MEESSEN, Yves. "De la facticité à la métaphysique: Heidegger a-t-il bine lu Augustin?", op. cit., p. 48-66.

lismo que incidiu em uma visão que dividiu o mundo em superior e inferior, essencial e aparente, ideal e real; e do dogmatismo, do moralismo e do exclusivismo que, por séculos, perduraram no cristianismo, cuja contribuição à edificação da civilização ocidental é assaz significativa.[165] A análise heideggeriana não considera o caráter metafísico presente nas *Confissões* de Agostinho, em que o pensador de Hipona, inspirado pelo neoplatonismo, trazia à tona um estilo dialógico do homem com Deus, reconhecendo a respectiva identidade de cada um.[166] No entanto, o que é importante em Heidegger é que, mesmo sem considerar tal metafísica, ele enfatiza um diálogo do homem consigo mesmo, porque o ser manifesta-se em seu aí histórico-existencial e atravessa um caminho horizontal de vida, cuja *existência* denota transcendalidade. Dessa forma, a análise heideggeriana não descarta o caráter institucional da experiência religiosa, no qual se apresentam dogmas, preceitos morais, rituais institucionalizados, mas não o maximaliza. As formas institucionais da religião não são mais necessariamente predominantes e obrigatórias, porque o ser ampliou seu aí, penetrando a existência do homem, permitindo-lhe fazer um retorno ao que estava coberto.[167]

---

[165] Cf. COLZANI, Gianni. "Introduzione. Il 'problema' dell'antropologia teologica", in *Antropologia Teologica. L'uomo: paradosso e mistero*. Dehoniane: Bologna, 2000, p. 9-37.

[166] Cf. MEESSEN, Yves. "De la facticité à la métaphysique", op. cit., p. 64-66; GILSON, Étienne. "Capítulo II: Os padres latinos e a Filosofia", op. cit., p. 144-158.

[167] Cf. BORGES DUARTE, Irene. "Introducción a la presente edición", in VON HERMANN, Friedrich-Wilhelm. *La segunda mitad de Ser y Tiempo. Sobre los problemas fundamentales de la Fenoomenología de Heidegger*. Tradução de Irene Borges Duarte. Trotta: Madrid, 1997, p. 9-23; Idem. "A arquitectónica do puro dar-ser do Ser. Heidegger e os Beiträge", in *Poética do Mundo. Homenagem a Joaquim Cerqueira Gonçalves*. Colibri: Lisboa, 2001, p. 415-434. Esta autora interpreta o *Da-Seyncomo*, o aí do Ser, enquanto manifesta um dinamismo do próprio ser, sua configuração histórica na ex-sistência humana, exigindo um movimento de cobrir e descobrir. E isso porque o apelo do ser na condição de *physis* e a tentativa humana de compreender – descobrir – sua origem na *epistéme*, na *téchne* e na *poíesis* proporcionam o dar-se do ser no mundo, enquanto ser do ente que possui suas brevidades, lança-se no mundo como projeto e se

A despeito de Heidegger escrever o texto exposto antes de *Sein und Zeit* e de suas reflexões mais tardias e denotativas de maior teor poético-religioso,[168] não se deve deixar de ler que a intuição de *aletheia* já se apresentava. Isso significa que o homem pós-moderno retorna para o que a religião institucional cobria, deseja desen-cobrir o coberto sem que isso implique assumir o *lócus* do Deus. A morte de Deus na perspectiva nietzscheniana, interpretada por Heidegger, é fundamentalmente a morte do Deus da metafísica que já não alcança a existência do homem. Isso não significa que a metafísica esteja morta, mas que tenha chegado o fim de uma determinada concepção e de um determinado desenvolvimento de metafísica, surgindo então uma nova possibilidade de pensá-la que exige repensar o modo de pensar.[169] É um equívoco considerar que Heidegger tenha defendido a destruição ou a superação da metafísica, no sentido estritamente derradeiro e definitivo. Uma leitura atenta de Heidegger ao longo de sua vida torna possível a compreensão de que ele considerava a metafísica como uma cadeia de montanhas inacessíveis, cuja pergunta-chave – que coisa é o ente? – jamais deixou de ter sua importância e seu caráter fundamental na história da Filosofia, em função de se conduzir à pergunta sobre o ser, olhando a própria história do ser. No entanto, essa pergunta não está imbuída de caráter autocrático e tampouco está deslocada do caráter ontológico da existência humana, mas ela assume a perspectiva do próprio fundamento que possibilita ultrapassar a metafísica, para torná-la ainda atual na compreensão e na interpretação da vida humana, vista

---

apresenta em seu aí histórico-existencial. Sua intencionalidade desdobra-se na temporalidade do tempo que está identificado com o *Dasein* humano, e conjugados manifestam o aí do ser.

[168] Cf. HEIDEGGER, Martin. *Hinos de Hölderlin.* Tradução de Lumir Nahodil. Instituto Piaget: Lisboa, 2004.

[169] Cf. SCHAEFFLER, Richard. *Frömmigkeit des Denkens? Martin Heidegger und die Katholische Theologie.* Wissenschaftlichde Buchgessellschaft: Darmstad, 1978; BORGES DUARTE, Irene: "O espelho equívoco. O núcleo filosófico da *Spiegel--Interview* a Martin Heidegger", in *Phainomen 5/6* (2002-2003), p. 167-181.

como *faktische Lebenserfahrung*. Por isso, não se abdica da metafísica e nem se assume uma postura antimetafísica, mas a reabilita para que sua pergunta-chave passe do ente para o ser, penetrando o ser do ente, cuja viabilidade é possível somente pela tomada do evento, visto como o acontecimento essencial, complexo do ser como copertencente da verdade apropriante do ser como *Dasein* apropriado pelo homem. Dessa forma, Heidegger torna sua ontologia fundamental uma metafísica do *Dasein*, porque toma o evento como categoria fundamental de seu pensamento. A ontologia fundamental é a fundação da metafísica, porque a pergunta fundamental da metafísica é amparada pela pergunta crucial da ontologia. A transcendência é afirmada no horizonte do ser, determinado como dimensão horizontal do aí do *Dasein* ou como verdade horizontal do ser. Isso significa afirmar que a revelação ontológico-fundamental da constituição ontológica do *Dasein,* como transcendente e dotado de compreensão do ser, é a resposta original acerca da pergunta sobre a possibilidade da metafísica como disposição natural.[170]

O pensamento da história do ser está articulado com a metafísica do *Dasein*, e a pergunta fundamental da história do ser está relacionada à pergunta-chave da metafísica. A implicação fundamental é que a verdade é marcada pela historicidade do ser, que se impõe como visão quando a abertura é experimentada como acontecimento de ruptura e de velamento. Nesse sentido, afirma-se que a verdade é histórica, dinâmica, passível de mutações, porque o ser é lançado no mundo como projeto apropriante a apropriado, um evento situado na temporalidade autêntica efetivada na unidade da história do ser. Por isso, o novo modo de pensar, que não é necessariamente antimetafísico, deve penetrar a existência do homem em sua experiência fática de vida. O homem é *Dasein* ou *faktische Lebenserfahrung* e, por isso, possui um percurso histórico-existencial de vida que lhe faz experimentar o tempo, constituído de temporalidade,

---

[170] Cf. VON HERMANN, Friedrich Wilhelm. *Die Metaphysik im Denken Heideggers*. Tradução italiana de Ancieto Molinaro: *La metafisica nel pensiero de Heidegger*. Urbaniana: Città del Vaticano, 2004, p. 11-26.

imbuída de disposição, curiosidade, angústia, medo, anseios, sonhos, morte.[171] Para Heidegger é na própria existência que o homem

---

[171] Cf. *GA* 64, op. cit., HEIDEGGER, Martin. *Der Begriff der Zeit.* Max Niemeyer Verlag: Tübingen, 2003. Tradução portuguesa de Irene Borges Duarte. *O conceito de tempo.* Fim de século: Lisboa, 2003. Este texto é uma conferência proferida por Heidegger aos estudantes de Teologia de Marburgo, orientados por Rudolf Bultmann, que, por sua vez, seguiu a ontologia hermenêutica existencial de Heidegger na formulação de sua teologia existencial. Seu ponto de partida foi o de afirmar o enfoque filosófico a ser imposto sobre o conceito de tempo, eliminando a possibilidade de desenvolver sua concepção relacionada ao conceito de eternidade, cuja função de apreensão e desenvolvimento pertence à teologia, concebida por ele como ciência ôntica. Na concepção filosófica, o tempo deve ser analisado à luz do *Dasein* compreendido como o ser do ente que está no mundo, com os outros humanos; ocupa-se no mundo em sua quotidianeidade e, por isso, deve desenvolver o cuidado – *Sorge* – como constitutivo do próprio *Dasein*. Pelo cuidado o *Dasein* atém-se a si mesmo, autocompreende-se, autointerpreta-se e visualiza-se diante da morte, compreendida como encerramento extremo de possibilidades e também como horizonte que possibilita movimentar-se na existencialidade do próprio homem. Com isso, o *Dasein* se preocupa e se ocupa com o "como" de sua quotianeidade, entendida como seu modo de realização no mundo. Ocorre que, nesse processo do todo do trânsito, o *Dasein* retorna para sua quotidianeidade e, efetivando sua inquietude, realiza antecipadamente sua autointerpretação, porque a antecipação coloca-o diante de sua mais extrema possibilidade. É aqui que se efetiva o "como" enquanto decisão para a realização do *Dasein*, uma vez que na antecipação está seu próprio porvir, efetuado à maneira desse mesmo *Dasein*. Dessa forma, há uma identificação entre tempo e *Dasein*, à medida que este é concebido em sua possibilidade mais extrema. Por isso, o ser porvir é maneira de ser do *Dasein*, configurado no presente enquanto retoma o passado no "como" da própria existência. Daí que o porvir é um fenômeno fundamental do tempo, que permite ao *Dasein* um movimento de retroação e de antecipação, constitutivo do "como" estar ocupado. Passa-se da antecipação em sentido próprio para o ter sido em cada momento em todo o tempo. Capta-se o trânsito pela antecipação e o porvir identifica-se com o tempo. Entra-se em jogo o espírito inquietante do próprio *Dasein*, porque ele se visualiza na possibilidade de ser medido pelo relógio, de ser controlado. Mas é em sua inquietação que o *Dasein* se autointerpreta como aquilo que é em cada presente, e o tempo passa a ser quantificado à medida que se toma o agora da atualidade. Por isso, o *Dasein* escapa do "como", prende-se ao que é, ocupa-se com seu presente, habita o mundo que encontra. Nisso reside seu cuidado – *Sorge* – enquanto este *Dasein* é seu tempo pleno presente em seu estar

experimenta seu Deus; é vivendo a vida enquanto decadência e acesso que o homem faz a experiência do encontro com o Deus. Trata-se de afirmar um a-teísmo hermenêutico, distante do ateísmo que nega o caráter substancial de Deus. Esse a-teísmo refere-se ao Deus que não se confunde com o evento, mas é experimentado como divino no próprio evento. Na verdade do evento apresenta-se a verdade do ser, marcadamente histórica e denotativa de que o Deus divino é o Deus revelado, transmitido no evento ao homem.[172]

Se a centralidade da vida conota a experiência religiosa, então o encontro com o divino – a experiência religiosa como tal – não será marcado pela afirmação de conceitos metafísicos abstratos, nem por prescrições morais, nem por preceitos ritualísticos, mas pela experiência efetivamente afetiva do encontro aconchegante de quem deseja ser, conhecer e amar. E esse encontro deve ser identificado com o que ainda está coberto e pode ser desen-coberto, com o temor e o amor articulados, com a graça enten-

---

ocupado e, por isso, profundamente ligado a seu porvir. No entanto, o *Dasein* detém-se ocupado naquilo que se ocupa e, por isso, se cansa com a própria quotianeidade. É aí que o tempo se esvazia, porque se tornou longo para o *Dasein* à medida que este perguntou sobre a quantidade do tempo. Na quotidianeidade, o *Dasein* defronta-se com a natureza do próprio presente que se desdobra constantemente por meio do agora, tornando-se irreversível e homogêneo, equiparado ao espaço. Ora, a irreversibilidade é o que resta ao *Dasein* da futuridade, enquanto fenômeno fundamental do tempo mesmo como *Dasein*. Por isso, torna-se necessário superar o tempo do relógio em cada momento, embora sua temporalidade seja sua presença na quotianeidade, caracterizando assim o tempo em sentido próprio do ser porvir do trânsito. A despeito da temporalidade presente na quotidianeidade, não se deve esquecer o caráter histórico do *Dasein* que lhe dá a possibilidade de ser sua própria possibilidade. Pois, quando o *Dasein* é porvir, o é em seu próprio passado, retomado no "como", sem medo de sua própria angústia. E é no "como" que o passado é retomado, na qualidade de história em sentido próprio e, por ele, tornado presente, compreende-se o porvir. Eis o que Heidegger denomina de primeiro princípio de toda hermenêutica: é o dizer algo da historicidade do *Dasein*, em seu significado histórico.

[172] VON HERMANN, Friedrich Wilhelm. *Die Metaphysik im Denken Heideggers.* Tradução italiana de Ancieto Molinaro: *La metafisica nel pensiero de Heidegger.* Urbaniana: Città del Vaticano, 2004, p. 27-38; VATTIMO, Gianni. "Hos Mé Heidegger e o Cristianismo", in *Depois da Cristiandade,* op. cit., p. 151-167.

dida como fruto da justiça do Deus, em evidente identificação com o *bonum*. Por acaso deveria a experiência religiosa colocar o homem em um patamar de culpabilidade sem superação? Não, pois a culpa não deve ser utilizada como instrumento de mera condenação axiológico-moral, mas necessita ser compreendida no dinamismo histórico-existencial da própria vida. Isso significa que a culpa pode ser elemento de redenção que possibilita experiência religiosa do encontro com o *summum bonum*.[173] E mais, ela permite ao homem não apenas experimentar a decadência e situar-se no estado abissal, mas experimentar o acesso e a elevação a sua condição de existência. Por isso, ao conceber as *Confissões* de Agostinho como exposição da vida, realça-se a facticidade da vida como elemento fundamental para se experimentar o divino, para fazer a experiência religiosa a partir da historicidade do evento em que o homem está inserido e no qual é possível fazer a experiência do divino.

Ora, essa experiência é traduzida em linguagem, cujo caráter pós-moderno é constituído de um espírito de ambiguidade e de paradoxo.[174] No entanto, o próprio Heidegger adverte que a linguagem é a "casa do ser",[175] exprimindo aquilo que ele é enquanto está aí na própria existência humana. E a existência jamais é individualista e não pressupõe, em termos ontológicos, que o homem deva ser individualista. Ao ser o *faktsiche Lebenserfahrung* ou *Dasein*, o homem está no mundo com os outros homens e se faz como tal, no dinamismo de sua relação com eles. Dessa forma, ontologicamente o ho-

---

[173] Cf. RAHNER, Karl. "O homem como ser radicalmente ameaçado pela culpa", in *Curso fundamental da fé. Introdução ao conceito de Cristianismo.* Paulinas: São Paulo, 1984, p. 114-144, afirma que em termos teológicos a culpa pode servir de elemento pedagógico da própria revelação de Deus, em que o homem dialoga com Deus, escuta sua interpelação, reconhece seu estado culposo, aproveita-se disso para aprender e converte-se ao Deus que o chama a ser seu parceiro no próprio processo de revelação divina.

[174] Cf. MAFFESSOLI, Michel. *O Instante Eterno. O retorno do trágico nas sociedades pós-modernas.* Tradução de Rogério de Almeida e Alexandre Dias. Zouk: São Paulo, 2003.

[175] Cf. HEIDEGGER, Martin. "Carta sobre o humanismo", in *Marcas do Caminho,* op. cit., p. 326.

mem não se constitui e nem se desenvolve no isolamento, mas apenas e tão somente na relação com os outros homens. Há nisso aquilo que o próprio Agostinho trazia de importante: na vida o homem se compreende diante da misericórdia do Deus, sua real esperança. Em termos agostinianos, há um caráter dialógico entre Deus e o homem, sendo que para Heidegger esse diálogo é existencialmente o encontro do homem com seu si mesmo. Seja em Agostinho, seja em Heidegger, tem-se algo de crucial: o homem é dialógico, necessita escutar, falar, intercambiar-se, comunicar-se. Nisso consiste a relação entre decadência e acesso, cuja efetividade ocorre no afetuoso ato de cuidar. Em outras palavras, o homem é um ser de cuidado – *curare* – existencial, e isso significa que deve ater-se à vida, a seu sentido, ao mergulho no que se pode denominar de mistério, analogamente visto como o *lethe* a ser desen-coberto – *aletheia* – sem ser esgotado.

Ao cuidar de si mesmo, o homem defronta-se com aquilo que desabrocha em sua vida, sem ter com exatidão o significado das coisas. Por isso, se para Heidegger é necessário o caráter ontológico e ôntico da existência da vida, que permite ao homem fazer a experiência da decadência e do acesso, para Agostinho a vida humana não pode perder a perspectiva mística que permite ao homem mergulhar no mistério divino, dialogar com Deus, sentir-se interpelado por esse Deus, visualizar sua vida em estado de decadência e de acesso e saber responder, no interior das mais profundas possibilidades, aos apelos feitos pela divindade. A mística é, quer seja no nível ontológico da existência quer seja no nível da fé cristã ou oriunda de outra expressão religiosa, aquele elemento interior do homem, que o move à profunda experiência da divindade, da efetividade do *re-ligare,* que permite ao homem mover--se na direção do mistério que se apresenta a sua própria vida. Disso decorre a necessidade do homem desenvolver a serenidade, conforme o entendimento do próprio Heidegger,[176] cujo significado é o aguardar do homem diante

---

[176] Cf. HEIDEGGER, Martin. *Serenidade.* Tradução de Maria Madalena Andrade e Olga Santos. Piaget: Lisboa, p. 89-112.

da situação em que se encontra, estando em constante movimento de um pensar meditado, capaz de compreender a referida situação, visando salvar a essência do homem.

Conforme o exposto, a linguagem religiosa pós-moderna há de exprimir o cuidado com a facticidade da vida e com a mística que nessa mesma vida se encontra. Esse cuidado da linguagem há de ater-se ao todo da existência humana, compreendida ontologicamente, mas em especial em dois aspectos, assaz ressaltados na pós-modernidade: a arte e os símbolos.

A arte denota uma estética do drama, do sentimento e da imaginação. A linguagem artística pós-moderna é poética, cinematográfica, ficcionista, dramática e transcendental na perspectiva de uma profunda entrega do homem aos deuses e ao Deus. Por meio dela, o homem mostra a imagem daquilo que se manifesta consigo, visualiza seus dramas para buscar enfrentá-los, expõe seus sentimentos oriundos de seu profundo – *Tiefe* – e se aventura a imaginar seu passeio no mundo dos deuses ou do Deus com o qual se relaciona. A experiência religiosa como experiência do encontro entre o homem e a divindade presente na arte é uma experiência de que a obra da obra de arte é denotativa da possibilidade de tornar sagrado a experiência artística, de clarear e levantar um mundo expresso na obra, de unir esse mundo à terra na própria obra realizada, de tornar evidente o *Dasein*[177] enquanto o aí do ser manifestado no caráter histórico-existencial do homem.[178]

Os símbolos assumiram enorme relevância na pós-modernidade, porque estão constituídos de uma linguagem conotativa de significado e denotativa de sentido. Eles também exprimem a profundidade histórico-existencial do homem, adquirindo inclu-

---

[177] Cf. HEIDEGGER, Martin. "A origem da obra de arte". Tradução de Irene Borges Duarte – Filipa Pedroso, in *Caminhos de Floresta*. Tradução coordenada por, Irene Borges Duarte. Fundação Calouste Gulbenkian: Lisboa, 2002, p. 7-94.

[178] Cf. STEIN, Ernildo. "A dramaturgia da existência e a dramartugia da pulsão", in *Seis estudos sobre "Ser e Tempo"*.

sive uma função arquetípica.[179] Enquanto arquétipos, os símbolos representam um referencial histórico, constituído de tradição que apresenta o tempo como presente do passado, presente do presente e presente do futuro e denota sua força na existência da vida do homem. Por isso, abdicar dos símbolos é recusar algo intrínseco ao próprio homem e a seu existir. A linguagem que constitui o ser do homem supõe também o acolhimento dos símbolos, a fim de que eles também representem[180] o que é histórico-existencial no homem e para o homem.[181] Assumir os símbolos como canais de expressão religiosa significa penetrar o mundo pós-moderno que aí está dado e que não deve ser negado. O cuidado com símbolos é o cuidado com a tradição arquetípica do homem, na qual se infere seu caráter

---

[179] Cf. JUNG, Karl Gustav. *Psicologia e religião*. Tradução de Pe. Dom Mateus Ramalho Rocha. Vozes: Petrópolis, 1990. Nessa obra, o pai da psicologia analítica assume a categoria arquétipo – *arché* e *typo* – para designar "certas formas e imagens de natureza coletiva, que surgem por toda parte como elementos constitutivos do misto e ao mesmo tempo como produtos autóctones individuais de origem inconsciente" (p. 55-56). Dessa forma, um arquétipo fundamenta a utilização de um símbolo por parte de um grupo ou de um indivíduo, evidenciando seu caráter coletivo e sua presença como fundamento histórico, social e psicológico desses entes, impossibilitando a concepção do símbolo isolado de seu contexto propriamente coletivo.

[180] A representação aqui compreendida refere-se àquilo que a própria palavra indica: re-presentar. Trata-se de tornar a coisa (res) presente, explicitada, apresentada ao público.

[181] Cf. TABORDA, Francisco. *Nas fontes da vida cristã. Batismo-crisma*. Loyola: São Paulo, 2001. Nesse sentido, é interessante recordar o símbolo da água no batismo cristão, na forma primitiva de imersão-emersão: morrer e ressuscitar com Cristo. Quem aderia à fé cristã, mergulhava na água e simbolicamente morria com Cristo; e, ao sair da água, ressuscitava com Cristo. Assim, a água era o canal simbólico de viver em Cristo, morrendo e ressuscitando com Ele. Ainda no cristianismo do final do primeiro século, introduziu-se um conjunto de outros símbolos: a veste branca – a veste da Páscoa lavada no sangue do cordeiro –, o candelabro aceso – luz de Cristo que ilumina todo batizado –, o óleo dos catecúmenos – sem perfume –, o óleo do crisma – perfumado óleo do Espírito Santo que unge todo batizado. Por isso o batismo denota vida nova em Cristo, para Cristo e por Cristo.

histórico, sua historicidade e sua existência. Cuidar dos símbolos implica deixar que eles falem, dar-se ao trabalho de pensá-los sem querer manipulá-los.[182]

O cuidado para com a religião na pós-modernidade mediante a arte, os símbolos e todos os elementos que denotem o caráter existencial do homem é necessário para que a religião não se prenda a conceitos e templos desvinculados do que necessita ser simultaneamente coberto e desen-coberto. Assim, a religião não deverá ser o caminho de negação do *humanum*, mas canal em que o humano estabelece um diálogo com sua própria existência vista em sua profundidade. Isso significa que ao mergulhar na própria existência, o homem encontra-se com o Deus, não na qualidade de um ser abstrato e absolutamente inacessível. A onisciência do Deus não significa sua inacessibilidade e nem sua presença autoritária diante do homem. Antes, implica uma presença acessível à medida que o homem se debruça em sua facticidade existencial, estabelecendo o diálogo com este Deus, não para obter um juízo, mas para conhecer, amar e ser em existência. Dessa forma, o Deus da religião pós-moderna será aquele que permite ao homem olhar para si mesmo – seu "eu" –, em sua memória, diria Agostinho, ver o Deus com a luz inextinguível, sentido primeiro e último da vida, esperança constante que faz com que o homem persevere em buscar o buscado: Deus.[183]

---

[182] Cf. MAFESSOLI, Michel. *A lógica da razão sensível.* Tradução de Albert Christophe Migueis Stuckenbruck. Vozes: Petrópolis, 1996.

[183] AGOSTINHO. *Confissões,* X, 43, 70, p. 539: "Tu conheces (Tb 3,16; 8,9; Sl 68,6; Jo 21, 15-16) a minha incapacidade e a minha fragilidade (Sl 68,6), ensina-me (Sl 141,10) e cura-me (Sl 6,3). O teu Unigênito, em quem estão escondidos todos os tesouros da sabedoria e da ciência (Cl 2,3), redimiu-me com seu sangue (Ap 5,9). Não me caluniem os soberbos (Sl 118,22), porque penso no preço da minha redenção (Sl 61,5), e como, e bebo (Jo 6,55.57; 1Cor 10,31; 11,29), e distribuo, e, pobre, desejo saciar-me (Lc 16,21) dele entre aqueles que dele se alimentam e saciam: e louvam o Senhor aqueles que o procuram (Sl 21,27)".

5. Conclusão

Ao início deste trabalho, objetivou-se analisar filosoficamente a religião situada na pós-modernidade. Justificava este objetivo o fato de a pós-modernidade ser considerada como um estado de espírito paradoxal, denotativo de continuidade da modernidade presente no antropocentrismo e no cientificismo e de descontinuidade manifestada no retorno da religião e no reencantamento do mundo.

Assim sendo, não se trata de conceber a pós-modernidade como um paradoxo de continuidade e de ruptura, e não de superação total da modernidade. No entanto, a configuração institucional da religião, assaz criticada na modernidade ateísta, não possui a mesma relevância na pré-modernidade de cunho teocêntrico em que se predominava no ocidente um cristianismo triunfalista. Além disso, a crítica da religião feita pela mencionada modernidade não descaracterizou brutalmente a religião como um fenômeno a ser experimentado pelo homem em sua vida. É esse o sentido do reencantamento do mundo, mediante um retorno à religião em sua condição de fenômeno da própria existência humana. Com isso, a religião não pode mais ser vista única e exclusivamente a partir de sua institucionalização, de seus conceitos metafísicos e preceitos morais, mas principalmente a partir de sua conotação de evento manifestado ao homem, compreendido em sua existência.

Além de um evento manifestado, a religião é uma experiência do sentido que, em termos teológicos, é a experiência do *numinoso*, mas em termos filosóficos é a experiência da existência humana, concebida em sua totalidade de sentido. A análise filosófica foi efetuada à luz da análise fenomenológica que Heidegger realiza acerca do livro X das *Confissões* de Santo Agostinho, porque o filósofo de Marburgo efetua sua análise considerando a *faktische Lebenserfahrung* de Agostinho, empregando então a categoria *Dasein*, pela qual a experiência religiosa é concebida na vida humana, vista no todo de sua existência. Dessa forma, a referida experiência manifesta-se na decadência e no acesso do *Dasein*, cabendo ao homem apropriar-se do *curare* para que sua realidade existenciária exprima sua realidade de existência.

A aplicação da análise heideggeriana à análise da religião na pós-modernidade implica afirmar que a experiência religiosa não pode e nem deve esgotar-se em dogmas que primem pela *adequatio* do homem à letra dogmática, nem em preceitos morais desvinculados da efetiva realidade da vida, e nem em regras que tolham a liberdade humana, mas que ela se manifesta na experiência da existência humana, requerendo um correto emprego analítico da ontologia hermenêutica. Dessa forma, a experiência religiosa denota o encontro do *humanum* com o *divinum*, não mais como uma relação de subordinação do primeiro ao segundo, mas como um encontro de dois sujeitos, manifestado em uma linguagem que abarca o todo da existência humana, abrindo-a às diversas possibilidades, incluindo a arte e os símbolos, evidenciando que o Deus é a verdadeira luz, porque propiciou ao homem mergulhar em sua existência factível e encontrar o sentido de sua própria vida.

3

TEOLOGIA E ANTROPOLOGIA EM KARL RAHNER

1. Introdução

A abordagem da relação entre teologia e antropologia é de profunda importância para a teologia contemporânea, uma vez que essa relação representa uma significativa virada que a ciência teológica pôde experimentar nesta era. Com essa relação, iniciou-se uma produção teológica capaz de superar o modo como os conceitos metafísicos se estabelecessem previamente e fossem aplicados à realidade humana. Dessa forma, a reflexão sobre Deus à luz da fé, que é próprio da teologia cristã, parte do homem situado histórica e existencialmente, de sua realidade dramática, imbuída de totalidade de vida. Essa articulação muito repercutiu nos complexos teológicos contemporâneos a partir da segunda metade do século XX, enquanto articulação que provocou a incidência da ontologia hermenêutica e das ciências ônticas, na compreensão do ser humano para se ter acesso ao que teologicamente denomina-se Deus.

O maior responsável por essa virada é Karl Rahner, que, sem hesitar, apropriou-se do pensamento de Tomás de Aquino, interpretado por Joseph Maréchal e incidente no humanismo cristão contemporâneo, e principalmente da ontologia de Martin Heidegger, responsável pela urgência do redimensionamento da metafísica e de uma ontologia hermenêutica que parte do *Dasein* e desemboca no *Ereignis*. Rahner sintetizou essas duas formas de pensamento filosófico, assumiu a filosofia como ciência ontológica transcendental, profundamente necessária à articulação entre teologia e antropologia, e desenvolveu sua teologia de modo a se tornar um teólogo paradigmático na renovação teológica da era contemporânea.

Diante do exposto, objetiva-se neste trabalho desenvolver a articulação entre teologia e antropologia como necessária para o caráter contemporâneo da teologia. Para isso, tomar-se-á Karl Rahner em sua perspectiva filosófica, tendo alguns de seus escritos como o objeto material. Dessa forma, apresentar-se-á o método de Rahner, intitulado método transcendental, os elementos filosóficos que dão consistência a seu método; e serão explicitados os desdobramentos da articulação em questão.

2. O método teológico transcendental na teologia contemporânea

Karl Rahner (1904-1984) é um teólogo alemão, jesuíta, considerado como um dos maiores teólogos da idade contemporânea. Tendo-se formado na Companhia de Jesus, estudou e formou-se em filosofia e teologia. Realizou seu doutoramento em filosofia, em Freiburg, tendo ali realizado cursos com Martin Heidegger, considerado por ele como único mestre em filosofia que teve em sua vida. Por questões circunstanciais não pôde ser orientado diretamente por Heidegger em seu doutoramento, tendo sido orientado por Martin Hönecker. Em sua tese doutoral, retomou o pensamento de Tomás de Aquino buscando colocá-lo em diálogo com a contemporaneidade e, por consequência, abriu esse pensamento ao diálogo com filósofos contemporâneos, especialmente com Heidegger, e, por isso, não teve boa recepção por seus examinadores. Em função disso, auxiliado por seu irmão Hugo Rahner escreveu uma tese de doutoramento em teologia, intitulada "O pensamento patrístico sobre o Coração transpassado do Salvador como fonte da

Igreja", logrando eficácia e consequente aprovação.[184] No entanto, a polêmica tese de filosofia foi publicada com o título *"Geist in Welt"* em 1939[185] e teve seu desdobramento na obra *Horër des Wortes* publicada em 1941.[186] Ambas constituem a grande base filosófica de Rahner para seu pensamento teológico. Esse teólogo lecionou em Insbruck (1937-1939 e 1949-1964), Viena (1939-1948), Munique e Münster (1964-1976), tornou-se perito do Concílio Vaticano II (1962-1965), assessorando a Assembleia conciliar em documentos conclusivos e ministrando aulas a seus participantes. Além das duas obras citadas, Rahner escreveu muitos artigos, que estão colocados nos 16 volumes de seus *Schriften zur Theologie*, em sua obra última, *Grundskurs des Glaubens*, escrita em 1976,[187] e organizou dicionários, léxicos e a coleção *Mysterium Salutis*,[188] assaz relevante para a renovação da teologia.[189]

---

[184] Cf. SESBOÜE, Bernard. "Capítulo Itinerário de um jesuíta teólogo. O jesuíta, o padre, o teólogo, o cristão fiel", in Karl Rahner. *Itinerário teológico*. Tradução de Nicolás Nyimi Campanário. Loyola: São Paulo, 2004, p. 16-19. A influência de Heidegger na condição de mestre está sobretudo no legado do estilo de pensamento meditado e de investigação rigorosa que propicia a buscar a elaboração de um conteúdo aberto à renovação e ao aprofundamento. Juntamente com Rahner foram alunos de Heidegger também Max Müller, Gustav Siewertn e Bernard Welte. Esse grupo era comumente chamado de *Katholische Heidegger-Schule*.

[185] Cf. RAHNER, Karl. *Geist im Welt. Zur metaphysic des endlichen Erkenntnis nach von Thomas Aquin*. Kosel: München, 1939.

[186] Cf. RAHNER, Karl. *Hörer des Wortes. Zur Grundlegung einer Religionsphilophie*. Kösel – Pustet: München, 1941. Aqui será utilizada a tradução francesa feita por Joseph Hofbeck: *L'homme a l'écoute du Verbe. Fondements d'une philosophie de la religion*. Maison Mame: Paris, 1967.

[187] Cf. RAHNER, Karl. *Grundskrus des Glaubens*. Herder: Freiburg im Birsgau, 1976. Aqui será utilizada a tradução brasileira efetuada por Alberto Costa: *Curso Fundamental da Fé. Introdução ao conceito de cristianismo*. Paulinas: São Paulo, 1989.

[188] Cf. RAHNER et alii. *Mysterium Salutis. Grundriss Heilsgeschichtlicher Dogmatik (I-VI)*. Benziger Verlag: Einsieldeln, 1974. Além de um dos organizadores, Rahner escreveu artigos sobre Deus, antropologia, criação e escatologia.

[189] Cf. SANNA, Ignazio. "Vida e escritos de Karl Rahner", in *Karl Rahner*. Tradução de Silvana Cobucci Leite. Loyola: São Paulo, 2004, p. 15-37.

A inspiração fundamental de Karl Rahner é a espiritualidade inaciana,[190] interpretada e vivida por ele ao longo de todo o seu ministério sacerdotal e teológico. Sua teologia é científica e mistagógica à medida que assume para si o compromisso de levar a cabo a intuição de Inácio de Loyola acerca da experiência imediata de Deus – provavelmente o que lhe proporcionou desenvolver a ideia da visão beatífica –, efetivada mediante um método próprio de espiritualidade, pelo qual tornava possível afirmar Deus como mistério absoluto. Essa ideia da experiência imediata de Deus proporcionava o acesso ao conhecimento existencial de Deus, importantíssimo para afirmar o conhecimento transcendental, extremamente relevante para sua teologia transcendental. A experiência espiritual inaciana propiciou a Rahner assumir existencialmente o compromisso com Cristo, servi-lo na Igreja e ser fiel à fé cristã, exercitando a criticidade e a ousadia para melhor compreender e interpretar a fé e a revelação na era contemporânea. Por isso, toda a sua obra é marcada por sua preocupação com a eficácia da fé em sua relação com o mundo, propiciando-lhe buscar afirmar teologicamente a Deus mediante a afirmação hermenêutica referente ao homem. Dessa forma, desenvolveu um conjunto de escritos[191] referentes à espiritualidade e à pastoral,[192] aos padres da Igreja,[193] à

---

[190] Cf. SESBOÜE, Bernard. "Capítulo II: A inspiração espiritual de uma obra", in *Karl Rahner*, op. cit., p. 31-51.

[191] Cf. SESBOÜE, Bernard. "Capítulo III: A 'Geografia' da obra teológica", in *Karl Rahner. Itinerário teológico*, op. cit., p. 53-89; SANNA, Ignazio. "II: As dimensões da teologia rahneriana", in *Karl Rahner*, op. cit., p. 39-69.

[192] Cf. VIGUERAS, Alex. "O que cabe à Igreja fazer hoje? A concepção de teologia prática em Karl Rahner", in OLIVEIRA, Pedro Rubens de – PAUL, Claudio (orgs.). *Karl Rahner em perspectiva*. Loyola: São Paulo, 2004, p. 107-134. Cf. FRANÇA MIRANDA, Mário de. "Karl Rahner, um inquieto teólogo ecumênico", in Idem, Ibidem, p. 219-242; TEIXEIRA, Faustino. "Karl Rahner e as religiões", in Idem, Ibidem, p. 243-264.

[193] Cf. PIMENTEL, Álvaro. "Atualidade de uma antiga questão: a doutrina da união hipostática em Cirilo de Alexandria e Karl Rahner", in Idem, ibidem, p. 49-64.

filosofia transcendental,[194] à teologia dogmática[195] e aos sacramentos da Igreja.[196]

O pensamento teológico de Rahner surgiu em meio à efervescência da renovação teológica no século XX,[197] marcada pela retomada do tomismo oficializado por Leão XIII, em 1879,[198] e efetivada com o humanismo cristão de Jacques Maritain,[199] com a teoria da

---

[194] Cf. OLIVEIRA, Manfredo Araújo de. "É necessário filosofar na teologia: unidade e diferença entre filosofia e teologia em Karl Rahner", in Idem, Ibidem, p. 201-218.

[195] Cf. LAVALL, Luciano Campos. "A afirmação de 'Deus Pai' na teologia rahneriana", in Idem, ibidem, p. 27-48; BINGEMER, Maria Clara Lucchetti. "Um Deus para ser amado. Algumas reflexões sobre a doutrina trinitária em Karl Rahner".

[196] Cf. LAVALL, Luciano Campos. "Rahner na berlinda pós-conciliar", in Idem, Ibidem, p. 83-106; TABORDA, Francisco. "A dimensão eclesial dos sacramentos segundo Karl Rahner", in Idem, Ibidem, p. 135-197.

[197] Cf. GIBELLINI, Rosino. "Il cammino della teologia cattolica. Dalla controvérsia modernista alla svolta antropológica", in *La teologia del XX secolo*. Queriniana: Brescia, 1992, p. 161-270; McDEMORTT, John. "Capitolo 25: Karl Rahner", in FISICHELLA, Rino (org.). *Storia della Teologia (III). Da Vitus Pichler a Henri de Lubac*. Dehonianea: Bologna, 1996, p. 736-747; GONÇALVES, Paulo Sérgio Lopes. "A teologia do Concílio Vaticano II e suas consequências na emergência da Teologia da Libertação", in GONÇALVES, Paulo Sérgio Lopes – BOMBONATTO, Vera Ivanise (orgs.). *Concílio Vaticano II. Análise e prospectivas*. Paulinas: São Paulo, 2004, p. 69-94; PALACIO, Carlos. *Deslocamentos da teologia, mutações do cristianismo*. Loyola: São Paulo, 2001; VORGIMLER, Herbert. "Parte I: Vida, pensamento, atividades", in Karl Rahner. *Experiência de Deus em sua vida e em seu pensamento*. Tradução de Gilmar Saint'Clair Ribeiro. Paulinas: São Paulo, 2006, p. 33-206.

[198] Cf. LEÃO XIII, Carta encíclica *Aeterni Patris. De philosophia christiana ad mentem S. Thomae Aquinatis in scholis catholicis instauranda*, in *Civiltà Cattolica* 30 (1879), p. 513-550.

[199] Cf. MARITAIN, Jacques. *Por um humanismo cristão*. Tradução de Gemma Scardini. Paulus: São Paulo, 1999. Jacques Maritain (1882-1973) assumiu o tomismo como filosofia perene, sólida, consistente, robusta e imbuída de uma grande vivacidade sinonímia de uma filosofia do ser, de analogia do ser e ontosofia. A partir disso, assumiu a unidade orgânica, com preponderância da metafísica, entre natureza e graça, fé e razão, virtudes naturais e virtudes sobrenaturais, metafísica e ética, conhecimento e arte. Defrontou-se com a cultura moderna, caracterizan-

inteligência de Pierre Rousselot[200] e com a filosofia da religião de

---

do-a como antropocêntrica e isenta de transcendência, uma vez que ela separa a filosofia e a teologia da ciência, identifica o absoluto com a história e com a ciência, exalta o efêmero, o praxismo e o eficientismo. Na cultura moderna, a teleologia antropológica é o homem em si mesmo. Para superar esse humanismo antropocêntrico, Jacques Maritain concilia o humanismo com o cristianismo e formula seu "humanismo integral", cuja característica principal é buscar encontrar no cristianismo a crítica à absolutização das realidades terrestres em suas diversas expressões a fim de que essas mesmas realidades sejam vistas à luz da totalidade que constitui o ser humano. Esse humanismo incide na busca do verdadeiro *humanum* na história, realizando o projeto da "neocristandade" e da democracia cristã. Trata-se de realizar a inspiração cristã na práxis social e política visando à construção de uma civilização mundial que esteja amparada em valores morais cristãos, plausíveis à realização da justiça, da fraternidade, do respeito, do amor, da verdade e da paz.

[200] Cf. ROUSSELOT, Pierre. *A teoria da inteligência segundo Tomás de Aquino*. Tradução de Paulo Meneses. Loyola: São Paulo, 1999; MCDERMOTT, John. "Capítolo 20: Pierre Rousselot", in FISICHELLA, Rino (org.). *Storia della Teologia (III)*, op. cit., p. 663-673. Rousselot era filósofo e teólogo jesuíta, morreu com 37 anos de idade (1878-1915), tendo sido metralhado durante a Primeira Guerra Mundial. Obteve o doutorado em filosofia, na Universidade "Sorboune" em Paris, apresentando duas teses: uma sobre o intelectualismo em Tomás de Aquino e outra sobre a história do amor na Idade Média. Seu mérito principal está em investigar sobre o conhecimento de Deus, trazendo à tona a inteligência humana, que possibilita a compreensão da fé que exprime a verdade revelada por Deus. Para isso, Rousselot prioriza a ordem existencial dinâmica, na qual se articulam inteligência e vontade no próprio homem. Dessa forma, o autor articula a metafísica dinâmica e a teoria do amor, cuja presença do ser é ainda ambígua em termos de totalidade. Ocorre que Rousselot concebe duas ordens naturais, a do universo material e a metafísica de participação do homem na divindade. Ambas se encontram e entram em tensão, e é na tensão que emerge a verdade da revelação divina. Dessa forma, o filósofo e teólogo francês concebe Cristo como o novo Adão, identificado como Adão primordial, sendo que em cristo a ordem natural e sobrenatural se encontram e se manifestam como o ideal do próprio homem. Ainda que a inteligência tenha supremacia em relação à vontade, é esta última que possibilita o encaminhamento do homem ao conhecimento da verdade revelada, pois nela a liberdade humana que propicia o juízo intelectual se apresenta como intrínseco ao homem, que lhe foi concedido por graça de Deus. Assim, o natural e o sobrenatural encontram-se no próprio homem, desenvolvem-se na materialidade humana

Joseph Marechal,[201] e marcada também pela difusão da hermenêu-

e na operacionalidade do amor. A metafísica desemboca na dinâmica que envolve a inteligência e a vontade, explicita o amor na materialidade da vida humana e clarividencia o amor do próprio Deus destinado ao homem. Para Rousselot, a fé é a resposta humana à revelação divina, mas a fé é inteligente e iluminadora da razão humana em que subjaz essa inteligência. Mediante a inteligência da fé, o homem faz a experiência do transcendental, porque consegue compreender a verdade revelada sem ser fideísta ou racionalista. Seu alcance é inteligente à medida que é capaz de compreender todo o valor e intensidade da vida, a essência do bem e sua identidade como ser e experimentar Deus inteligentemente no inteligível da vida e na abertura ao *novum*. A intelecção desenvolve-se na especulação humana realizada em seus devidos meios e nos três sucedâneos da Ideia Pura: no conceito e no conhecimento singular da arte e da história, da ciência e dos sistemas e símbolos. Desse desenvolvimento surge a ação humana, que, guiada pela teoria da inteligência, se efetiva como o próprio amor realizado. Enfim, a teoria da inteligência de Rousselot é fundamentalmente uma filosofia da religião, pela qual torna possível compreender a revelação divina e visualizar a efetividade inteligente da fé amorosa do homem em sua relação com Deus, que é também definido por seu amor à humanidade, presente em sua revelação plena: Jesus Cristo, o novo Adão.

[201] Cf. DOTOLO, Carmelo. "Capitolo 22: Joseph Maréchal", in FISICHELLA, Rino (org.). *Storia della teologia (III)*, op. cit. p. 691-697. Nesse artigo, o autor explicita a importância do jesuíta, filósofo e teólogo Joseph Marechal na história da teologia, principalmente no âmbito da filosofia da religião. Trata-se de um pensador que nasceu na Bélgica em 1878 e morreu em 1944, primou pela releitura do tomismo em diálogo com a filosofia de Kant após ter realizado uma pesquisa psicológica com interesse em ciências naturais (tornou-se doutor em ciências naturais em 1905 e pertenceu à sociedade de zoologia da Sociedade Científica de Bruxelas), com a preponderância da psicologia e sua incidência analítica no âmbito da religião e da mística. Suas obras principais são: *Etudes sur la Psycologie des Mystiques (I)*. Beyaert-alcan: Bruxelas – Paris, 1924; *Etudes sur la Psycologie des Mystiques (II)*. Edition Universelle – Desclée De Brouwer: Bruxelas – Paris, 1937; *Le çoint de départ de la métaphisique. Leçons sur Le développement historique et théorique Du problème de la connaisance (V). Le thomisme devant la philosophie critique*. Edition Universelle-Desclée De Brouwer: Louvain-Paris, 1926. Sua intuição fundamental é a formulação de uma teoria do conhecimento em que une sujeito e objeto, inteligência e mística religiosa. Para isso, apresenta o dinamismo intelectual no horizonte do ser, concebendo o ato intelectivo como ato sintético e construtivo, marcado por tensões direcionadas à afirmação do ser, presente na própria relação do sujeito com o objeto. Por isso, torna-se possível afirmar que o homem é cons-

tica filosófica que incidia na teologia, especialmente no movimento *Nouvelle Théologie* que proporcionou o retorno às fontes cristãs.[202] Aproveitando essas duas incidências – a do tomismo e a da ontologia hermenêutica –, Rahner propiciou uma verdadeira virada antropológica em teologia, ao criar seu método teológico transcendental. Entendendo que se a teologia é uma reflexão crítica, científica, sobre Deus e de Deus, não poderia haver maneira eficaz de realizá-la senão produzindo-a mediante uma análise interna do próprio homem. Para

---

tituído ontologicamente da procura inquieta do ser, cujo dinamismo intelectual coloca-se como condição de possibilidade do conhecimento objetivo e da experiência mística. Afirma-se aqui o movimento existencial do conhecimento, no qual se inscreve a tensão entre o ser e a consequente possibilidade de sua intuição. Com isso, Maréchal desenvolve sua intuição fundamental de que o conhecimento dinamiza-se no acolhimento do ser em sua forma mais íntima em relação ao homem. Ao aprofundar essa intuição, Maréchal concebe o ser absoluto como princípio da abertura cognoscitiva, implicando em afirmar que o fundamento da mística é o sentimento direto da presença de Deus, cujo dinamismo do processo pelo qual se atinge tal sentimento é, ao mesmo tempo, o princípio noético do dinamismo intelectual radicado na afirmação ontológica. Dessa forma, evidencia-se que mística e metafísica estão vinculadas uma a outra, porque sentir sem conhecer ou conhecer sem sentir é construir algo no vácuo e totalmente sem sentido. No encontro entre mística e metafísica é visualizado também o encontro entre natureza e graça, cuja originalidade é antropológica e marcada pela tensão dinâmica do homem rumo ao ser – causa final –, o qual é o princípio dessa tensão – causa eficiente. Diante do exposto, é evidente que a intenção principal de Maréchal é colocar em realce a íntima conexão entre o ente transcendental e o Deus transcendental, porque sem a compreensão do homem torna-se impossível compreender a Deus. Eis o principal fio condutor da teologia rahneriana, cuja influência marechaliana é notável em *Hörer des Wortes,* sua obra-prima em termos de filosofia da religião.

[202] Cf. DONI, Alessandro. "Capitolo 16: La riscoperta delle fonti", in FISICHELLA, Rino (org.). *Storia della teologia (III),* op. cit., p. 443-474. O movimento *Nouvelle Théologie* desenvolveu-se na França em duas grandes escolas teológicas. A escola de Lyon-Fourvière, na qual se destacaram Jean Daniélou e Henri de Lubac, e a escola de Saulchoir, cujos destaques foram Yves Congar e Marie Dominique Chenu. O mérito desse movimento foi efetivar o retorno às fontes cristãs, explicitando a necessidade do Cristianismo em retomar suas intuições originárias presentes na Escritura e na Tradição, compreendê-las e interpretá-las adequadamente, de modo a torná-las contemporâneas da atualidade histórica.

isso articulou a teologia com a antropologia, fundamentando-se na filosofia, tendo na categoria transcendental sua luz que ilumina todo o horizonte da teologia. Na descrição sobre seu método teológico,[203] Rahner apresentou a antropologia transcendental, pela qual se constata a secularização societária, os diversos tipos de pluralismo, a necessidade de ampliar o conhecimento em todos os campos do saber, a necessidade de redimensionar os conceitos teológicos diante de um mundo em constantes mudanças. Diante dessa nova realidade, visualizou-se a necessidade de desenvolver e assumir um novo método teológico, denominado método antropológico transcendental, o qual compreende uma antropologia que sustenta o homem em sua experiência de ser humano e sua condição *apriori* de ser transcendental. Ele entendia por transcendental o *apriori* infinito presente no espírito finito, enquanto condição de possibilidade estrutural. Assim sendo, o transcendental é possibilidade intrínseca à própria estrutura do homem, colocando-o em posição de ouvir a palavra transcendental, uma vez que ele já se constitui como transcendental.

Em seu caráter transcendental, a estrutura antropológica do homem é constituída de um *apriori* transcendental e de um *aposteriori* categorial, enquanto é o conteúdo de sua experiência. O homem é então conduzido a um horizonte infinito, em busca da verdade e da responsabilidade, pelas quais é remetido ao absoluto, ao amor, ao incondicionado. Em seu nível fundamental, a dimensão transcendental da experiência humana é a abertura do espírito finito ao infinito. Dessa forma, está definida a estrutura antropológica do homem: é um espírito finito imbuído de uma estrutura *apriori* infinita. Visando sustentar essa estrutura antropológica no processo de elaboração teológica, Rahner aponta a filosofia de cunho transcendental como o canal pelo qual torna possível conhecer o mundo onde o homem constrói e habita. A filosofia constitui-se também como um elemen-

---

[203] Cf. RAHNER, Karl. "Riflessionie sul metodo in teologia", op. cit., p. 99-159; Idem. *Teologia e Antropologia*. Tradução de Hugo Assmann. Paulinas: São Paulo, 1969.

to ou momento interno da teologia,[204] que possibilita compreender e interpretar o mundo e a história do homem. Por anteceder a própria teologia e narrativa da história da salvação, a filosofia é um pressuposto transcendental à medida que explicita o caráter histórico, temporal, existencial do homem e sua orientação para o mistério absoluto. É exatamente aqui que reside a metafísica do ser do homem, pensada enquanto possibilidade e abertura a Deus. Por tudo que lhe é conferida, Rahner denomina essa filosofia de transcendental e verdadeira.

Com base na filosofia transcendental que fundamenta a antropologia transcendental, Rahner elabora sua teologia transcendental. Nela, o sujeito humano é fundamental à medida que ele possui pressupostos de conhecimento da revelação e se coloca como um ouvinte da Palavra que se abre transcendentemente ao conhecimento do Deus revelado por amor, assumindo sua responsabilidade na efetividade da graça divina. O método transcendental[205] tem a função de provocar o confronto entre a objetividade da revelação e a subjetividade humana aberta ao Deus amor que pretende ser conhecido pelo ser humano. Trata-se de um método que efetiva a distinção entre revelação categorial e revelação transcendental, entre aquilo que já foi compreendido como salvação na história e aquilo que ainda está por cumprir e já está concretizado no devir de Deus. Esse método incide diretamente em toda a teologia, principalmente nos tratados da Trindade, da cristologia, da eclesiologia, dos sacramentos e da escatologia. Em todos eles, haverá sempre um tratamento de aplicação do transcendental que propicia a abertura a uma nova configuração conceitual de Deus, de

---

[204] Cf. OLIVEIRA, Manfredo Araújo de. *Filosofia Transcendental e Religião. Ensaio sobre Filosofia da Religião em Karl Rahner.* Loyola: São Paulo, 1984; Idem. "É necessário filosofar na teologia", op. cit., p. 201-208.

[205] Cf. RAHNER, Karl. "Antropología", in RAHNER, Karl *et alii* (orgs.) *Sacramentum mundi. Enciclopedia teológica.* Tomo I. Herder: Barcelona, 1972, p. 271-295. Nesse verbete, Rahner alude à antropologia em termos setoriais e a descreve filosófica, bíblica e teologicamente, evidenciando especialmente no último enfoque o que é efetivamente o método transcendental.

Cristo, da Igreja, dos Sacramentos e do próprio destino humano.[206] No entanto, o que sustenta a eficácia e a efetividade aplicativa desse método nos tratados teológicos? A resposta é direta: na configuração dos conceitos Deus, mundo, homem e na maneira de se relacionarem. E isso porque só é possível pressupor a teologia transcendental em sua constituição interna, a relação e a implicação mútua entre Deus e o homem e o consequente mundo onde está situado.

3. Articulação entre teologia e antropologia

3.1. O homem é ouvinte da Palavra

Um dos elementos de sustentação do método transcendental rahneriano é a afirmação de que o homem é ouvinte da palavra. Esta afirmação centra-se na antropologia transcendental, cuja relação com a teologia sustenta-se na filosofia transcendental e, por isso, a diferencia das antropologias setoriais ou regionais. Essas analisam o homem em sua experiência empírica, objetivam abarcar a totalidade humana segundo o enfoque que desenvolve, mas não efetuam aquilo que é próprio da filosofia em relação ao homem: refletir ontologicamente sobre o fundamento último da existência humana. Nessa reflexão, o homem emerge como ser histórico, essencialmente existencial, capaz de fazer seu caminho na vida que dê sentido a sua própria existência. Por isso, Rahner em seu condicionamento cristão e, portanto, seguro de que o homem relaciona-se com Deus, mistério último e absoluto para o qual está orientado, afirma que o homem é pessoa e sujeito. Por conseguinte, o homem é ser de transcendência, de responsabilidade e de liberdade e está implicado com a salvação ofertada por Deus.[207]

---

[206] Cf. Idem, "Teologia e Antropologia", op. cit., p. 36-41.
[207] Cf. RAHNER, Karl. "Le problème", in *L'homme a l'ecoute du Verb,* op. cit., p. 25-43. Aqui Rahner descreve a antropologia transcendental com a profundidade necessária para introduzir o leitor em sua obra, destacando a filosofia da religião como on-

O homem está constituído de um caráter misterioso em sua própria experiência pessoal. Ainda que as antropologias setoriais afirmem a natureza do homem – social, biológica, psíquica – com a metodologia que é peculiar a cada uma, na perspectiva filosófica o homem é um ser histórico-existencial, remetente a sua peculiar pessoalidade. Mesmo que cada antropologia aponte para aquilo que o homem é, conforme seu respectivo enfoque, e se arrisque em desmantelá-lo de sua essência existencial, o homem não deixa de ser pessoa e ser sujeito. E isso porque o homem possui consciência de si, capacidade de se autoquestionar, de ultrapassar os sistemas em que está situado. A consciência de si compreendida como condição de sua possibilidade de seu horizonte prévio conota o homem como pessoa. Nessa condição pessoal, o homem não apenas se interroga sobre sua vida, como também toma decisões e realiza escolhas no mundo onde está situado. Ao efetivar essa dinâmica de vida, o homem é não só pessoa, mas também sujeito imbuído de responsabilidade e de liberdade. Nesse sentido, ele está entregue às profundezas de si mesmo.[208]

Além de ser pessoa e sujeito, o homem é também um ser de transcendência, constituído de um horizonte infinito que possibilita dar à vida um caráter de provisoriedade, embora seja possível admitir que esse caráter sirva de fuga à experiência da transcendência. Essa fuga pode acontecer segundo a maneira ingênua de vivência, acomodando-se no que é meramente convencional, ou conforme a significação última dada àquilo que é meramente categorial, ou ainda de modo a efetivar uma categorialidade desesperada na existência humana. A superação dessa fuga e o assumir da própria transcendência do homem pressupõem que o homem, enquanto ser de transcendência, está fundado na pré-apreensão do ser. Essa, por sua vez, é a disposição interior do homem, enquanto transcendental,

---

tologia da potência obediente a uma revelação, caracterizando dessa forma aquilo que se tornou a base filosófica de toda a sua teologia transcendental: o homem é aprioristicamente transcendental.

[208] Cf. RANHER, Karl. "L'homme comme esprit", in Ibidem, p. 109-130.

que ao homem pertence e lhe dá caráter de transcendência. Trata-se de uma configuração que abre o homem *aprioristicamente* ao ser, possibilitando-lhe seu desdobramento na mediação categorial e objetiva da vida humana. Ainda que o homem esteja ocupado em sua quotidianeidade, sua experiência originária da transcendência se faz presente por aquela ocupação e continua a ser abertura pura para o próprio mistério: Deus.[209]

Constituído de pessoalidade, de capacidade de ser sujeito e de transcendência, o homem é também um ser responsável e livre. Essa responsabilidade lhe é concebível a si mesmo, enquanto se encontra na abertura total à medida que se entrega, conhecendo e agindo no mundo. Nesse sentido, não cabe aqui as conotações psicológicas ou morais pelas quais se busca acentuar o caráter responsável do homem. Trata-se de um aspecto ontológico-existencial que dá ao homem o caráter de ser responsável e concomitantemente livre. A liberdade do homem é também uma experiência transcendental que lhe permite ter a capacidade de optar e de decidir de modo histórico-existencial. Tanto a responsabilidade quanto a liberdade, enquanto experiência originariamente transcendental, só se realizam no mundo quando o homem interage com o mundo, se apresenta nele e nele se enraíza. Distingue-se, por isso, a liberdade originante, de cunho ontológico-existencial, da liberdade originada que se efetiva realizando-se como tal no mundo. Dessa forma, responsabilidade e liberdade são realidades da experiência transcendental à medida que estão no homem *aprioristicamente*, como disposição interior, constituindo, ainda que distintas, uma só unidade ao si mesmo do homem perante o ser. Essa experiência transcendental coloca o homem, já constituído como pessoa, também na condição de sujeito quando ele age dotado de responsabilidade e liberdade. Ao ser sujeito, o homem mostra-se

---

[209] Cf. Idem, "L'homme, librement à l'écoute", in Ibidem, p. 167-194. Para desenvolver a responsabilidade e a liberdade do homem que o caracterizam como pessoa e sujeito, Rahner parte da análise do ser, feita mediante a analogia do ser, clarividenciando a anterioridade da liberdade de Deus, em sua pessoalidade e condição de sujeito.

como responsável e livre, e sendo responsável e livre apresenta-se como sujeito de sua própria existência.[210]

Diante da exposição filosófica, Rahner penetra a perspectiva cristã e confronta essa constituição existencial do homem com a questão da salvação.[211] E isso porque a salvação é de Deus e é destinada ao homem, e, por conseguinte, essa salvação não pode estar desvinculada da existência humana. Por isso, se a existência humana é histórica, pessoal e de caráter transcendental, então a salvação possui incidência nessa mesma existência, assim constituída. E por que a salvação possui conotação histórica? Porque ela é destinada ao homem, inserido na história e no mundo – espacializado e temporalizado – ao qual pertence, e que está também imbuído do transcendental. Na vivência de seu caráter transcendental – sua pessoalidade, sua capacidade de ser sujeito, responsável e livre – o homem se insere na história do mundo onde está situado e nela, somente nela, experimenta a salvação, para que esta se efetive na história, destine-se ao homem e interpele-o em sua existência. Dessa forma, a historicidade do homem no mundo é seu próprio existencial na condição de sujeito responsável e livre. É nessa dimensão do homem como sujeito e Deus também como sujeito – porque é Ele quem age salvificamente, conforme se verificará no item posterior – que se visualiza a unicidade da história. Ainda que se possa fazer uma distinção formal entre história da salvação e história geral, não há a realidade de duas histórias. Há uma só história em que se realiza salvação ou a não salvação – perdição –, em que operam

---

[210] Cf. Idem, "L'homme comme essence matérielle", in Ibidem, p. 211-225; Idem, "L'homme comme esprit historique", in Ibidem, p. 226-243. Nesses dois textos, Rahner apresenta a responsabilidade e a liberdade do homem, caracterizando-o em sua materialidade vital, para superar um idealismo que o tolhe de sua vida real, e em sua liberdade efetivada na história, e, por conseguinte, acentuando aí a historicidade do homem realizada no exercício de sua liberdade.

[211] Cf. Idem, "L'historicité humaine d'une révélation possible", in Ibidem, p. 260-276; Idem, "La necessité d l'écoute d'une revelation historique", in Ibidem, p. 277-291.

dois sujeitos: Deus e o homem. Por isso, Rahner acentua que o homem, mesmo sendo sujeito responsável e livre, está submetido à disposição do próprio Deus, concebido por ele como mistério inefável. Mesmo que o homem exerça sua subjetividade, não há como desvinculá-lo do mistério abissal de Deus, nem tampouco deixar de lado seus condicionamentos históricos e mundanos. O homem está então colocado à disposição alheia, situado no mundo e diante de Deus. Mas o que é Deus para o homem?

3.2. Deus é mistério absoluto

O tratamento rahneriano à relação entre teologia e antropologia possui uma lógica que é própria de quem concebe a revelação e, por isso, não situa o homem isoladamente no mundo, mas somente em encontro com o mistério absoluto,[212] denominado Deus. Se, em um primeiro momento, Rahner aproximava-se da concepção heideggeriana de homem, marcadamente existencial, ora sua preocupação com a definição de Deus é iluminada por uma metafísica do ser, de cunho tomista, fundamentada nas teses de Joseph Marechal. Por isso, a teleologia presente na concepção de Deus é efetuar um processo de definição que coloque o homem em profícuo diálogo com Deus, efetivando, dessa forma, a perspectiva dialógica intrínseca ao caráter transcendental do próprio homem.

Antes de desembocar no diálogo, Rahner medita sobre a palavra Deus,[213] constata sua existência como palavra imbuída, por isso,

---

[212] Cf. Idem, "Misterio", in RAHNER, Karl *et alii* (orgs.) *Sacramentum mundi*. Tomo IV, op. cit, p. 710-718. Nesse verbete, Rahner define o mistério de modo amplo, caracterizando-o como absoluto, enquanto Deus, e apresenta as possibilidades de anúncio desse mistério por parte da Igreja.

[213] Cf. RAHNER, Karl – VORGRIMLER, Herbert. "Dieu", in *Petit dictionnaire de théologie catholique*. Éditions du Seuil: Paris, 1976, p. 125-129; RAHNER, Karl. "Theos en el Nuevo Testamento", in *Escritos de Teología*. Tomo I. Dios, Cristo, Maria, Gracia. Tradução de Justo Molina *et alii*. Taurus: Madrid, 1967, p. 93-167.

de significado seja espiritual seja intelectual, destinado ao próprio homem. Por ser nome próprio Deus designa o inefável,[214] o "sem nome", o silencioso que está aí para o homem, ainda que não seja constantemente percebido ou sempre despercebido. Sua realidade como palavra está ameaçada pelo ateísmo, mas o desaparecimento da palavra implicaria em afirmar também o desaparecimento de Deus, uma vez que o homem está transcendentalmente orientado para Deus. Sua existência está condicionada pelo próprio Deus. Não dizer Deus implica em não dizer homem e declarar o fim do homem em sua existência. Por isso, Rahner afirma o futuro dessa palavra como um evento ligado ao próprio existencial do homem e, por causa disso, do caráter transcendental da existência, no qual a disposição originária – o sobrenatural – já está presente; e afirma também a anterioridade de Deus e sua permanência. A permanência da palavra "Deus" é então um referencial à permanência do próprio homem, porque se apresenta, segundo a doutrina cristã, como palavra criadora, primeira e última a ser proferida antes do silêncio que coloca o homem em ação de contemplação, adoração e genuflexão ao mistério inefável.

Ao desenvolver Deus como o mistério absoluto, o silencioso, o inefável, Rahner aponta o modo do conhecimento de Deus pela razão natural – algo consagrado pelo concílio Vaticano I, em sua constituição dogmática sobre a revelação divina *Dei Filius* – e pela revelação cristã efetivada pela palavra revelada de Deus e pela salvação operada pelo próprio Deus. Dessa forma, o teólogo alemão entende que o conhecimento de Deus não é um mero sentimento ou a descrição de algo espetacular, sem vínculo histórico-existencial com a vida humana. Por isso, sintetiza as duas formas supramencionadas em dois modos: o *aposteriori* e o transcenden-

---

[214] Influenciado por Karl Rahner, PASTOR, Félix Alejandro. *La lógica de lo inefable*. PUG: Roma, 1986, desenvolve o tratado do Deus da revelação na perspectiva da concepção de Deus como o Inefável, cuja lógica teológica possibilita visualizá-lo como o Deus criador, da história, compassivo, misericordioso, libertador, imanente e transcendente.

tal. O primeiro efetiva-se à medida que a disposição originária do homem – aquela transcendental – só tem sentido em contato com o mundo onde se situa, enquanto que o segundo é também um conhecimento transcendental à medida que a referência originária do homem em relação ao mistério absoluto é um existencial permanente que o consolida como sujeito espiritual. Dessa forma, o conhecimento de Deus propicia falar de Deus, na condição de reflexão que remete a um saber originário atemático, não reflexo, denotativo de que o homem é um "ser" referente a Deus. No entanto, a experiência transcendental atemática, que permite o conhecimento de Deus, somente se torna efetiva quando está refletida tematicamente. Isso significa que a experiência transcendental, originária do homem, seu existencial permanente, realiza-se como tal na experiência histórica e existencial feita pelo homem. Essa experiência temática, por sua vez, só adquire sentido de presença como tal se for remetida à experiência transcendental do encontro com o mistério absoluto e inefável, Deus. Diante desse entrelaçamento do *aposteriori* e do transcendental, Rahner tem ciência de que se explicita nela a articulação entre filosofia, revelação e graça, de modo que há uma primazia da destinação sobrenatural do conhecimento, que ele caracteriza como sobrenatural existencial. Nesse sentido, há uma primazia da graça no conhecimento de Deus, ainda que a razão natural e a revelação pela palavra sejam suficientes para abarcar esse conhecimento. Ocorre que eles estão imbuídos da anterioridade divina em direção do homem, que é o que caracteriza preponderantemente o transcendental, cuja concretização ao homem realiza-se apenas e tão somente pela história e existência desse mesmo homem. Dessa forma, todo conhecimento, por mais natural que seja, será penetrado pela graça, cuja ação no homem identifica-se como sobrenatural existencial, também compreendido como autocomunicação de Deus.[215]

---

[215] Cf. RAHNER, Karl. "Sulla specificità del concetto cristiano di Dio", in *Nuovi Saggi (IX)*. Tradução de Carlo Danna. Paoline: Roma, 1984, p. 257-271.

Ao caracterizar o conhecimento de Deus dessa forma, Rahner denomina-o como transcendental. Por ser transcendental, esse conhecimento é conhecimento do próprio mistério de Deus, caracterizado como absoluto, santo e inefável por excelência, enquanto se coloca ao homem em seu dinamismo histórico-transcendental manifestado na forma de oferta, interpelação e provocação para ter o homem como seu *partner* dialógico. Por isso, o conhecimento não é meramente especulativo, mas realizado mediante o diálogo entre Deus e o homem, e é fundamentalmente unidade entre a palavra original de Deus e a resposta humana. Ou ainda pode ser a interrogação humana a Deus, suscitada em função do sobrenatural presente no existencial, ou a graça presente no homem, cuja resposta é dada à própria vida histórico-existencial do homem. Apesar dessa experiência transcendental ser dialógica, ainda resta explicitar fundamentalmente o que é Deus. Nesse sentido, Rahner coloca no que ele denomina Deus duas categorias que, somente unidas, são denotativas de clarificação conceitual e explicitam o que é a experiência transcendental. Trata-se de visualizar as categorias *Aonde e Donde*. Juntas, elas correspondem ao caráter de mistério, transcendência e inefabilidade de Deus. O *Aonde* e o *Donde* constituem fundamentalmente o mistério santo – sagrado –, o horizonte infinito da inefabilidade divina em que tudo se torna fonte e se movimenta para sair de si e manifestar-se categorialmente na existência humana. Este *Aonde* e *Donde* possibilitam que o homem experimente o inefável de forma transcendental, enquanto experiência originária que propicia a liberdade do próprio Deus em movimentar-se ao encontro do homem e do próprio homem responder às interpelações divinas. O *Aonde* e o *Donde* é o horizonte da transcendência de Deus, enquanto se dá a conhecer ao homem manifestando-se categorialmente sem tornar-se mera categoria. Por isso, o *Aonde* e o *Donde* são indelimitáveis, infixáveis em seu próprio horizonte e inacessíveis, enquanto objeto de apreensão, mas passíveis de experiência humana em função do caráter transcendental que permeia o próprio homem. Dessa forma, Rahner afirma que o *Aonde* e o *Donde* são o próprio mistério santo que sai de si como amor livre e voluntarioso, cujo movimento é direcionado ao homem tão somente à finalidade de amar. E é ao mistério santo do amor que o homem é conduzido também a amar. E ao experimentar o amor divino, o homem passa a ter um conhecimento transcendental do mistério santo, vivenciando assim a unidade originária entre experiência e conhecimento. É aí que se encontra a realidade do próprio homem, enquanto realidade transcendental, de experiência do *Aonde* e do *Donde* na qualidade de mistério santo, tornado conhecido e experimentado no movimento do próprio caráter transcendental do homem e da inefabilidade divina.[216]

A partir do conhecimento transcendental de Deus, Rahner define Deus como pessoa, justificando de antemão o caráter análogo do termo utilizado na linguagem teológica. A analogia permite que uma mesma palavra seja utilizada com significados diversos, variando o contexto em que se situa e se põe no mundo. O que possibilita eficácia à analogia é exatamente seu caráter transcendental e, portanto, a relação original com o *Aonde*, pois, a partir disso, a analogia oscilará entre o ponto de partida categorial e a incompreensibilidade de Deus. Em seu caminhar analógico, Rahner define Deus como pessoa, não no sentido que se aplica ao homem, mas na perspectiva da personalidade divina denotativa de seu ser trinitário – conforme a doutrina cristã – e, por conseguinte, relacional, pericorético, comunional. Por isso, prefere denominar as pessoas divinas de "modos diversos de subsistência", de inefável relação de comunhão.[217] Mas essa personalidade divina só é

---

[216] Cf. Idem. "Il problema umano del senso di fronte al mistero assoluto di Dio", in *Nuovi Saggi (VII)*. Tradução de Carlo Danna. Paoline: Roma, 1981, p. 133-154; Idem. "O homem perante o mistério absoluto", op. cit., p. 60-96.

[217] Cf. Idem. "El Dios Trino com princípio y fundamento transcendente de la história de la salvación", in FEINER, Johannes y LÖHRER Magnus (orgs.). *Mysterium Salutis (II). Manual de Teología como história de la salvación. La história de la salvación antes de Cristo.* Tradução de Guillermo Aparicio e Angel Saenz-Badillos. Ediciones Cristiandad: Madrid, 1969, p. 311-334. Nesse texto, Rahner apresenta um aprofundado debate histórico-teológico acerca da Trindade, destacando dois aspectos: o primeiro corresponde à relação entre Trindade imanente e econômica, em que o autor afirma a identidade ontológica entre ambas e a revela-

passível de compreensão humana quando Deus se dá a conhecer transcedentalmente ao próprio homem, sua criatura. O homem então só pode conhecer a Deus quando se coloca em condição de criatura, compreendida não como situação ou relação causal, mas como relação transcendental. A condição de criatura do homem é referente a uma natureza descoberta pelo homem somente no interior da experiência relacional transcendental como tal e não por uma condição ôntica, em que uma coisa funda-se na outra. Enquanto possui uma condição de criatura, o homem é simultaneamente diferente e dependente de Deus em sua forma radicalmente ontológica. Essa diferença e dependência referem-se ao fato de que Deus é o fundamento do próprio homem – e isso indica a doutrina cristã da *creatio ex-nihilo*, ou seja, de que a criação foi feita a partir de Deus mesmo – e, enquanto fundamento, está já presente o próprio caráter transcendental do homem. É a isso que se denominou anteriormente de pré-apreensão do ser, enquanto pré-apreensão do transcendental, cuja dependência do homem em relação a Deus não fora esquecida. Essa dependência não é sinônimo de submissão, mas de diferença ontológica em que o homem fundamenta-se em Deus, e é ao mesmo tempo autônomo, capaz de exercer sua liberdade, caracterizando-se também como sujeito e pessoa que se apresenta no mundo, diferenciando-se desse mesmo mundo, assumindo-o como material disponível para efetuar sua atividade criadora que lhe dá consistência de criatura, acoplada à consistência já dada no *lócus* originário dessa experiência de condição de criatura, a ratificar: o transcendental.[218]

ção de ambas em uma só na história e na criação. A segunda refere-se à dificuldade em usar o termo pessoa para aplicá-lo à Trindade, preferindo usar o termo "modos diversos de subsistência", para que não haja o perigo de confundir Deus com o homem, uma vez que historicamente o termo pessoa foi aplicado ao ser humano e a este tem sido usado comumente.

[218] Cf. Idem. "Fundamentos de la protología y de la antropología teológica", in Ibidem, p. 341-352; Idem. "O homem perante o mistério absoluto", op. cit., p. 96-103.

A definição de Deus como mistério absoluto, inefável, silencioso, presente em si mesmo e no caráter transcendental do homem, conduz também a pensar em sua interação com o mundo. Rahner busca superar a visão de um Deus que está fora do mundo e age somente para operar nele, bem como a visão panteísta em que Deus apresenta-se indiferentemente em todas as coisas do mundo. Pode-se então perguntar: é possível encontrar Deus no mundo? De que maneira? O ponto de partida rahneriano é a afirmação da tensão existente entre a perspectiva transcendental defendida por ele e a religião histórica, cuja função é apresentar a presença de Deus no mundo. Toda religião possui a incumbência de dizer onde Deus está, criando, para isso, rituais, dogmas, prescrições morais, em evidente movimento denotativo da apresentação de Deus. No entanto, a perspectiva transcendental aponta a presença de Deus sob a ótica de uma ontologia existencial que não descaracteriza a categorialização de Deus feita pela religião histórica, mas não se exaure nela e se encaminha para apontar a presença de Deus em toda parte, enquanto tudo fundamenta e possibilita o dinamismo de toda a sua criação. Disso resulta que se deva afirmar a imediatez da presença de Deus na vida das criaturas sem qualquer tipo ou nível de mediação? Rahner recorda que responder positivamente a essa pergunta seria extremamente perigoso, particularmente ao Cristianismo, que se autoconcebe como religião da revelação cristã. Pois a admissão da proximidade imediata para com Deus não significa eliminar a mediação, mas não absolutizar tal mediação, torná-la aberta, crível às novas possibilidades da própria existência humana. A autocomunicação de Deus apresenta-se na experiência transcendental, a qual pode ser mediada pela religião histórica, mas propicia também a tal religião reformular-se no mundo, redimensionar-se em sua compreensão da própria revelação e das possibilidades existenciais de ação do sobrenatural. Isso implica em conceber que o transcendental é fundamental na compreensão deste Deus misterioso, santo, inefável, mas um transcendental que se manifesta no homem em sua existência, no mundo em que está situado, cujo fundamento é o próprio Deus. Ora, com isso se quer afirmar que a ação de Deus não é pontualmente de intervenção no mundo em seu sentido estrito, mas de operacionalidade em relação ao mundo e com o mundo. A pretensão de se conceber uma intervenção especial de Deus no mundo somente é possível à medida que é compreendida no próprio movimento de autocomunicação de Deus, no qual a ação de Deus efetiva-se mediante as causas segundas, nas experiências religiosas, históricas e existenciais do homem. E isso porque o que se denomina Deus na teologia transcendental rahneriana é o amor concebido como mistério absoluto, aberto, dinâmico, que sai de si para encontrar o homem, intrinsecamente presente neste como sobrenatural, penetrante à existência humana, pela qual o homem – ouvinte da palavra divina – escuta suas interpelações e as responde com eficácia histórico-existencial.[219] No entanto, ainda cabe perguntar: de que modo esse diálogo entre Deus e o homem, emergente da autocomunicação divina e do dinamismo existencial do homem, realiza-se de modo efetivo?

3.3. A relação entre a culpabilidade humana e a autocomunicação divina

Karl Rahner não se contenta em definir o que é homem e o que é Deus. Ele estende sua explanação para apresentar essa relação na totalidade histórico-existencial do homem e do mundo onde ele está situado e em algo que há de mais profundo na existência humana: a culpa. E isto porque a culpa possibilita pensar no pecado original, que, por consequência, possibilita pensar que todo homem seja herdeiro do primeiro homem pecador e autoconceba-se de *per si* como pecador. Ora, essa concepção, interpretada de modo fundamentalista causa transtornos enormes a tudo o que foi exposto até o presente, quando se realça a comunicação entre

---

[219] Cf. Idem. "La questione del senso come questione di Dio", in *Nuovi Saggi (IX)*, op. cit., p. 272-287; Idem. "O homem perante o mistério absoluto", op. cit., p. 103-113.

Deus e o homem de modo transcendental, inclusive ressaltando o encontro livre e responsável de ambos.[220] Em reação a essa concepção, encontra-se a visão de total rechaço à ideia de culpa, em clarividente explicitação de perda da consciência de culpa. A perda de consciência denota perda de moralidade, já que a consciência é constituída pela ética e pela moral,[221] e abertura à possibilidade de amoralidade e imoralidade, tornando tudo relativo e passível de ser feito. Possibilita a negatividade da ética e da moral, que proporciona uma negação da *oikós* enquanto convivência humana, fundamentada em um *ethos* radical da própria existência.[222] Por isso, continuando a seguir a esteira rahneriana, não se deve assumir nenhuma dessas posições, mas em função do transcendental a culpa há de ser vista em relação à autocomunicação de Deus, a fim de que se visualize filosófica e teologicamente a primazia do amor

---

[220] Cf. DELUMEAU, Jean. *O pecado e o medo. A culpabilização no Ocidente (I-III).* Edusc: Bauru, 2003. Em um trabalho histórico precioso, esse autor explicitou as incursões histórico-sociais do medo no Ocidente cristão.

[221] Cf. CONCÍLIO VATICANO II. Constituição pastoral sobre a Igreja no mundo *Gaudium et Spes,* in *AAS* 58 (1966), p. 1025-1115, n. 16-18.

[222] Cf. RAHNER, Karl. "Sobre el problema de uma ética existencial formal", in *Escritos de Teología.* Tomo II. Tradução de Justo Molina *et alii*. Taurus: Madrid, 1967, p. 233-252. Nesse texto, Rahner é imperativamente favorável à ética, construída a partir de uma ontologia existencial. Por isso, ao relacionar ontologicamente a culpa com o perdão, não se está de modo algum descaracterizando o caráter do juízo ético sobre a culpa, porque sua caracterização positiva só é possível em função da fundamentação ontológica da própria ética, que, por sua vez, ao ter tal fundamentação, é existencial. Na esteira rahneriana situam-se RUIZ DE LA PEÑA, Juan. "A fé na criação e a experiência do mal", in *Teologia da criação.* Tradução de José Ceschin. Loyola: São Paulo, 1989, p. 137-153; TORRES QUEIRUGA, Andrés. "Deus e o mal: da onipotência abstrata ao compromisso do amor", in *Do terror de Isaac ao Abbá de Jesus. Por um nova imagem de Deus.* Tradução de José Afonso Beraldin. Paulinas: São Paulo, 2001, p. 181-264. Esses autores desenvolvem a questão do mal, assumindo a perspectiva do bem e superando uma ontologia fixista do mal, para afirmarem a ação de Deus em combate ao mal, enquanto antimal, emergente na condição da unidade das liberdades do homem e Deus, ambas exercitadas na própria história humana, na qual o próprio Deus apresenta-se para dialogar com o homem.

de Deus, enquanto autocomunicação do inefável. Nesse sentido, estabelece-se uma relação circular entre a experiência da culpa e a experiência do perdão, a fim de que a culpa não se absolutize, nem propicie o fechamento total a Deus que lhe é correspondente e tampouco seja uma realidade definitiva para o homem. Aberta à possibilidade do perdão em uma relação circular, a culpa assume um caráter provisório na existência humana, tão importante para o exercício da liberdade efetivada com responsabilidade pessoal, enfaticamente personalizante e denotativa de que o homem é sujeito de sua existência, aberto a outro sujeito, totalmente outro, o inefável.[223]

A culpabilidade vista sem a autocomunicação perde-se em um juízo moral, incapaz de trazer à tona o caráter transcendental do homem. Mas, quando é analisada em consonância com a autocomunicação, visualiza-se nela a liberdade e a responsabilidade como existenciais permanentes referentes à totalidade do homem. Dessa forma, no exercício de sua liberdade, o homem torna-se sujeito e, no exercício da responsabilidade, torna-se pessoa. Na condição de sujeito e pessoa, o homem afirma-se em sua experiência transcendental, na qual o sobrenatural existencial lhe é intrínseco, possibilitando-lhe que sua ação não esteja desvinculada da ação livre e responsável de Deus. Ora, se na responsabilidade e na liberdade o homem afirma sua experiência transcendental, então suas ações livres e responsáveis serão sempre efetuadas teleologicamente visando sua realização humana. Trata-se então de afirmar esses exercícios como um único evento em que o homem afirma sua existência, experimenta o sobrenatural em si mesmo e afirma-se como sujeito transcendental, em cuja afirmação encontra-se com o mistério absoluto. Mas nem a liberdade e nem a responsabilidade são existenciais puramente individuais, porque o existencial corresponde ao homem em seu todo, na constituição

---

[223] Cf. Idem. "Culpa y perdón de la culpa como región fronteriza entre la teología y la psicoterapia", in *Escritos de Teología*. Tomo II, op. cit, p. 285-304; Idem. "O homem como ser radicalmente ameaçado pela culpa", op. cit., p. 114-118.

ontologicamente relacional, seja com outros homens, seja com o mundo onde habita. Por isso, a ação de um homem é referente aos outros homens, porque ninguém está isolado ou vive sem relacionamento com os outros.[224]

No bojo dos relacionamentos, o homem exerce sua liberdade como possibilidade de tomar decisões. Ao ter de tomar decisões, o homem deve escolher, o que lhe implica abertura de mais de uma possibilidade. Nesse sentido, sem ter atingido a plenitude de sua existência, o homem se vê em um horizonte aberto de possibilidades, inclusive a decidir-se contra Deus. Ora, mas Deus já não está agindo no sobrenatural existencial, intrínseco ao próprio homem? Ocorre que se o homem não possui a liberdade de decidir, ele será mero fantoche nas mãos de Deus, não será livre e nem poderá exercitar sua responsabilidade. No exercício de sua liberdade, enquanto existencial ontológico, o homem pode decidir contra Deus e tal possibilidade efetiva-se no mundo onde está situado. Assim, o horizonte da liberdade do homem é um objeto, enquanto é condição de possibilidade para o "não" proferido pelo homem a si mesmo. É a partir disso que se visualiza a possibilidade de dizer "não" a Deus, na qualidade de uma contradição absoluta em relação ao *Aonde*, ao inefável, ao mistério. Mas se é possível dizer não, é possível também dizer sim, na forma de uma resposta de abertura e de recepção à ação de Deus. "Sim" e "não" possuem valores diferenciados, porque em sua autocomunicação livre, responsável e fundamentalmente amorosa Deus age para que o homem jamais deixe de se comunicar com Ele.[225] Dessa forma, a culpa é um existencial permanente que denota a liber-

---

[224] Cf. Idem. "Teologia de la liberdad", in *Escrito de Teología*. Tomo II, op. cit., p. 210-232; Idem. "O homem como ser radicalmente ameaçado pela culpa", op. cit., p. 118-123.

[225] Cf. Idem. "Culpa-responsabilidad – castigo en la visión de la teología católica", in RAHNER, Karl. *Escritos de Teología*. Tomo VI, op. cit., p. 233-255; Idem. "Habilitación para la verdadera libertad", in *La gracia como libertad. Breves aportaciones teológicas*. Herder: Barcelona, 1972, p. 35-102.

dade humana para o "não" a Deus, mas que provoca esse mesmo Deus a agir de tal modo que o "não" se reverta em "sim".[226]

Ao ser provocado, Deus age de modo livre para recuperar dialogicamente o homem como seu *partner*. Essa ação de Deus é denominada por Rahner como autocomunicação, pela qual Deus torna-se um constitutivo interno do próprio homem. Por esse constitutivo, o homem ontologicamente pode ser definido como ser de transcendência, pessoal e espiritual, porque o que lhe é comunicado é o próprio Deus. No fundo, a autocomunicação é a objetividade do dom e da comunicação tanto da subjetividade de Deus – aquele se comunica – quanto da subjetividade do homem – o que recepciona a comunicação –, em função de que ambos são sujeitos. Nesse sentido, duas categorias são emergentes no pensamento rahneriano: a graça santificante e a visão beatífica. A graça santificante denota que Deus mesmo é anterioridade de tudo, antecipa-se ao homem e sai de si para encontrar o homem, ofertando-lhe a si mesmo, como dom comunicado na forma de gratuidade primeira. Assim, Deus é simultaneamente o doador e o dom absolutamente gratuito, incondicionado a qualquer interesse humano. A visão beatífica, por sua vez, é aquele acontecimento em que o homem, santificado pela graça, vê a Deus em seu íntimo, sem que com isso venha a dominar a Deus. O homem é então envolvido pela própria graça, experimenta sua consumação como um existencial permanente e é impulsionado

---

[226] Cf. Idem. "O homem como ser radicalmente ameaçado pela culpa", op. cit., p. 123-144; Idem. *Sentido teológico de la muerte*. Tradução de Daniel Ruiz Bueno. Herder: Barcelona, 1965. Nessa mesma perspectiva, Rahner enfoca o pecado original, não como elemento que possibilita a herança do pecado originado de um homem, mas como força do pecado que leva o homem a pecar. Dessa forma, todos os homens são abertos à possibilidade do erro, da culpa, do pecado, exprimindo aqui também solidariedade no pecado, porque o homem não está só no mundo. Ademais, ele realça a graça de Cristo como superação total do pecado, explicita a morte do homem agraciado como morte com Cristo e um futuro marcado pela certeza da ressurreição dos mortos, enquanto realidade de toda liberdade do homem, realizada em Cristo.

a viver beatificamente.²²⁷ Aqui, o homem é interpelado a entregar-se ao mistério, incluindo sua incompreensibilidade, dado que se o mistério fosse totalmente compreensível, no sentido do poder ser dominado, já não seria mais mistério.²²⁸ Pois o mistério continua sendo inonimado, absoluto, silencioso, inefável.²²⁹

A oferta da graça desenvolvida por Rahner é fundamentalmente denominada por ele de existencial sobrenatural, porque se trata de enunciado ontológico que aponta a efetividade da autocomunicação de Deus na experiência transcendental do homem. Nesse sentido, o homem caracterizado como sujeito é sujeito também da autocomunicação de Deus; pois, ao comunicar-se com o homem, Deus o interpela ao exercício da liberdade e da responsabilidade e possibilita que o homem o acolha. A autocomunicação divina torna-se então condição prévia da possibilidade de ser acolhida pelo homem; e, quando é acolhida, é efetivado o existencial sobrenatural devido à própria ação anterior de Deus. Não se trata de um acontecimen-

---

[227] Cf. Idem. "Discorso di Ignazio di Loyola a um Gesuita odierno", in *Nuovi Saggi (IX)*, op. cit., p. 522-574. Ao tomar a espiritualidade ignaciana, Rahner aborda a visão beatífica, de modo que o homem aprenda em sua vida a amar e servir, como forma de dar sentido existencial em sua vida e efetivar a real experiência transcendental, Idem. "L'eternità dal tempo", in *Nuovi Saggi* (*VIII*). Tradução de Vittorio Gambi e Carlo Danna. Paoline: Roma, 1982, p. 506-520. Esse texto é de perspectiva escatológica, mas trata a escatologia na perspectiva que supera sua redução à teologia dos novíssimos e a coloca como horizonte de toda teologia e como vivência do *eschaton* que é o próprio Cristo, na temporalidade histórica do homem e em sua eternidade temporal, cuja marca permanente é o encontro entre Deus e o homem, em que a liberdade de ambos se desenvolve e se efetiva.

[228] Cf. Idem. "Il problema umano Del senso di fronte al mistero assoluto di Dio", op. cit., p. 135-142. A incompreensibilidade do mistério ocorre quando a compreensão se esgota, atinge seu limite e se entrega à incompreensibilidade, se genuflexa para iniciar, quiçá, um novo modo de pensar o mistério, totalmente isento de arrogância ou prepotência de esgotá-lo em sua compreensão.

[229] Cf. Idem. "O homem como evento da livre e indulgente autocomunicação de Deus", op. cit., p. 145-157; CASEL, Odo. "A volta ao mistério", in *O mistério do culto no Cristianismo*. Tradução de Gemma Scardini. Loyola: São Paulo, 2009. p. 13-20.

to de caráter ético-moral, mas fundamentalmente ontológico e que se enraíza na própria existência humana. A isso Rahner denomina também de sobrenaturalidade transcendental, já que o existencial sobrenatural é movido pela autocomunicação de Deus e se movimenta em favor dela. Em todo o movimento há de se ter clareza de que a originalidade absoluta está em Deus, e que o sobrenatural é modalidade da própria subjetividade do homem, sem a qual ele não é sujeito livre, responsável e transcendental. Ora, se a graça possui originalidade em Deus, tornando possível a anterioridade da autocomunicação divina ao homem, então a imediatez de Deus, que é a visão beatífica, implica que o homem – em função do existencial sobrenatural – experimente graciosamente o mistério, saboreie-o, penetre-o, sem esgotá-lo. E isso porque, pela graça, o homem movimenta-se no interior de seu fim, mediante a autocomunicação de Deus, caminha para seu fim – a visão beatífica –, mas ainda que possa transparecer seu domínio total do mistério haverá necessidade que seu desejo seja maior, uma vez que o mistério não se esgota nessa experiência transcendental. Por isso, na experiência transcendental, em função do existencial sobrenatural, o homem experimenta o mistério santo em sua profundidade, porque sabe que não pode tê-lo em sua totalidade, mas sente-se em casa, acolhido, amado, experimenta a intimidade que perdoa e interpela à relação amorosa.[230]

Diante do exposto, a experiência transcendental da autocomunicação de Deus e todo o movimento do existencial sobrenatural do homem não está desvinculado da experiência da culpa. Ainda que o homem em sua culpa experimente estar abissalmente sozinho e, quiçá, sem retorno à companhia, Deus não deixa de autocomunicar-se, de fazer-se amoroso com sua criatura criadora. E essa autocomunicação encontra-se no existencial sobrenatural, em que Deus é o tu absoluto do homem visto por Ele também como sujeito transcendental.

---

[230] Cf. RAHNER, Karl. "El Cristianismo y el hombre nuevo", in *Escritos de Teología*. Tomo V. Tradução de Jesús Aguirre. Taurus: Madrid, 1964, p. 157-180; Idem. "O homem como evento da livre e indulgente autocomunicação de Deus", op. cit., p. 157-170.

Por isso, a culpa que moralmente leva o homem ao abismo, existencialmente proporciona-lhe decair e subir, na condição de um *partner* de Deus, estabelecendo com Ele uma relação de amor, denotativa de profunda comunicação, em que o homem, como sujeito que é, experimentou livremente a possibilidade de dizer sim ou dizer não a Deus. Nessa experiência tipicamente transcendental, o homem é sujeito diante de outro sujeito, Deus, estabelecendo-se um relacionamento entre sujeitos livres que, no exercício da respectiva liberdade, efetivam o encontro das liberdades, no interior da própria existência humana, palco onde se encontra o próprio sentido do mistério absoluto, manifestado amorosamente em sua criatura, chamada homem.[231]

4. Desdobramentos

A relação entre teologia e antropologia, fundamentada na filosofia em perspectiva transcendental, estabelecida por Karl Rahner, é a melhor contribuição para a elaboração de complexos teológicos que se pretendem ser contemporâneos. A própria história da teologia contemporânea testemunha a eficácia dessa afirmação: surgiram teologias contextuais que partiram do *lócus* do homem – sua cultura, sua economia, sua situação político-social, sua religiosidade – para se falar de Deus.[232] Foi explicitado o rosto de Deus mediante o rosto

---

[231] Cf. Idem. "Esperienza di se stessi ed esperienza di Dio", in *Nuovi Saggi* (V), op. cit., p. 175-189. Na esteira rahneriana situa-se SEGUNDO, Juan Luis. ¿*Qué mundo? ¿ Qué hombre? ¿ Qué Dios?* Sal Terrae: Santander, 1993, que desenvolve a teoria de que o homem é criatura de Deus que, por ser imagem e semelhança de seu criador, é criatura criadora, pois situa-se no mundo para, em aliança com Deus, levar a cabo a *creatio continua,* efetivando sua liberdade no encontro com a liberdade divina, assumindo seus erros e sua culpabilidade como elementos da própria pedagogia divina da revelação para sua comunhão com seu criador: Deus.

[232] Cf. GIBELLINI, Rosino (org.). *Perspectiva teológicas para o século XXI*. Tradução de Carlos Felício e Roque Frangiotti. Santuário: Aparecida, 2005; SUSIN, Luis Carlos (org.). *Teologia para outro mundo possível*. Paulinas: São Paulo, 2006.

humano presente no pobre da América Latina,²³³ naquele que sofre o etnocídio na Ásia,²³⁴ no que morre antes do tempo na África,²³⁵ na situação das mulheres que são vítimas do machismo uxoricida,²³⁶ nos idosos e nas crianças marginalizadas.²³⁷ Surgiu também a teologia produzida em gênero, que visualiza o ser humano em sua profundidade psíquico-espiritual para desenvolver um rosto materno de Deus, buscando superar o patriarcalismo absoluto predominante na teologia cristã ocidental.²³⁸ Sua teologia influenciou o surgimento de um conjunto de teologia cristã das religiões.²³⁹ E isso se deve

---

²³³ Cf. GUTIÉRREZ, Gustavo. *Onde dormirão os pobres?*. Tradução de Maria Stela Gonçalves. Paulus: São Paulo, 1998; SUSIN, Luis Carlos. "Para conhecer Deus é necessário conhecer o homem: Antropologia teológica conciliar e seus desdobramentos na realidade brasileira", in GONÇALVES, Paulo Sérgio Lopes – BOMBONATTO, Vera Ivanise (orgs). *Concílio Vaticano II: Análise e prospectivas*. Paulinas: São Paulo, 2004, p. 369-388; MUÑOZ, Ronaldo. *El Dios de los cristianos*. Paulinas: Madrid, 1987.

²³⁴ Cf. CHENU, Bruno. "La théologie aisatique", in *Théologies chrétiennes des tiers mondes. Latino-américaine, noire américaine, noire sud-africaine, africaine, asiatique*. Le Centurion: Paris, 1987, p. 163-199.

²³⁵ Cf. CHENU, Bruno. "La théologie africaine", in Ibidem, p. 122-161.

²³⁶ Cf. BINGEMER, Maria Clara Lucchetti. *O segredo feminino do mistério. Ensaios de teologia na ótica da mulher*. Vozes: Petrópolis, 1991.

²³⁷ Cf. DUSSEL, Enrique. "Dominação-libertação. Um discurso teológico diferente", in *Caminhos de libertação latino-americana (IV). Reflexões para uma teologia da libertação*. Tradução de Álvaro Cunha. Paulinas: São Paulo, 1985, p. 11-29; BOFF, Clodovis – PIXLEY, Jorge. "Capítulo I. Entrada: Quem são hoje os pobres e por quê?", in *Opção pelos pobres*. Vozes: Petrópolis, 1987, p. 19-33.

²³⁸ Cf. KING, Ursula (org.) *Feminist Theology from the Third World. A reader*. Orbis Books: Maryknoll – New York, 1994; BOFF, Leonardo – MURARO, Rose Marie. *Feminino e masculino. Uma nova consciência para o encontro das diferenças*. Sextante: Rio de Janeiro, 2002.

²³⁹ Cf. AMALADOSS, Michael. *Pela estrada da vida. Prática do diálogo interreligioso*. Tradução de Luis Fernando Gonçalves Pereira. Paulinas: São Paulo, 1996; DUPUIS, Jacques. *Verso uma teologia Cristiana del pluralismo religioso*. Queriniana: Brescia, 1997; DHAVAMONY, Mariasusai. *Teología de las religiones. Reflexión sistemática para una comprensión Cristiana de lãs religiones*. Tradução de Juan Padilla Moreno. San Pablo: Madrid, 1997; PANIKKAR, Raimon. *Ícones do mistério.*

principalmente à elaboração da categoria cristãos anônimos, que, em princípio, pode parecer deslocada da relação da teologia com a antropologia, mas é em função dessa relação, e visando a superação do fechamento institucional da revelação divina, que Rahner busca compreender a soteriologia cristã na relação com os homens e as mulheres de outras religiões. Dessa forma, Rahner apresenta a possibilidade de transcender fronteiras institucionais no bojo da afirmação da única economia salvífica. Com isso, reafirma o transcendental na experiência religiosa, valorizando as culturas que sustentam tal experiência e abrindo o caminho para as diversas formulações teológicas das religiões e do desenvolvimento da inculturação do evangelho.[240] Sua contribuição penetrou os tratados teológicos escolares, uma vez que seu método transcendental, conforme ele mesmo afirma, penetra toda a teologia, redimensionando-a *ad intra* e proporcionando a incursão temática por todos os tratados e a elaboração de novas formas de produção teológica. Além disso, sua teologia possui uma perspectiva prática e mistagógica, porque sua reflexão incide diretamente na vida humana, reflete na própria Igreja a que pertence e manifesta-se totalmente místico-espiritual, em função de que seus escritos refletem sua própria vida diante do que ele denomina mistério absoluto e inefável.

Além de toda a repercussão na teologia contemporânea, há de ressaltar que a contribuição fundamental de Karl Rahner ao estabelecer a relação entre teologia e antropologia é principalmente em apontar o que é a filosofia e qual sua função nessa relação. Ele consegue superar o caráter positivista do tomismo que fora assumido pela Igreja católica, recupera-o em sua essência metafísica, mas não

---

A experiência de Deus. Tradução de Pedro Lima Vasconcellos. Paulinas: São Paulo, 2007; TEIXEIRA, Faustino. *Teologia das religiões. Uma visão panorâmica.* Paulinas: São Paulo, 1995.

[240] Cf. GONÇALVES, Paulo Sérgio Lopes. "Cristianismo hoje e amanhã: fé e cultura", in BINGEMER, Maria Clara Lucchetti – ANDRADE, Paulo Fernando Carneiro de (orgs.). *O mistério e a história. Ensaios de teologia em homenagem ao Pe. Félix Pastor por ocasião dos seus 70 anos.* Loyola: São Paulo, 2003, p. 173-205.

se esgota nele. Por isso, assume a perspectiva existencial de ontologia heideggeriana, a modo próprio, superando também preconceitos de católicos em relação a seu mestre em filosofia. Ao buscar fazer essa síntese entre Tomás de Aquino e Heidegger, Rahner apresenta a necessidade da filosofia na elaboração do complexo teológico e, especialmente, o caráter ontológico-existencial que se há de afirmar quando se reflete sobre Deus.

Rahner não se encaminha pelo âmbito da individualidade humana, mas da pessoalidade do homem,[241] do acento a sua existência, compreendida em sua essência comunitária, comunicativa e transcendental em sua relação com Deus, caracterizado como mistério absoluto e inefável. Dessa forma, ele recupera para a teologia o existencial do homem, enquanto existencial permanente que não se opõe ao sobrenatural. Mas o existencial e o sobrenatural não apenas dialogam no próprio homem, mas juntos constituem o homem, que, imbuído de um existencial sobrenatural, pode ter acesso ao mistério. Rahner cuida em sua exposição para que o homem não perca sua liberdade, sua responsabilidade, sua pessoalidade, sua capacidade de ser sujeito na história e na existência de sua vida, sem que isso signifique abdicação do mistério inefável divino. Ao contrário, ele apresenta dois sujeitos livres que agem de modo a proporcionar juntos um encontro de liberdades, evidentemente havendo a presença da autocomunicação de Deus também na ação humana. Isso não tira a possibilidade do homem dizer não a Deus, de optar por outro caminho ao se defrontar com seus dramas vitais. E, ao dizer não, o homem defronta-se com a possibilidade de culpa, a qual ontologicamente possibilita-lhe também a experiência transcendental da autocomunicação de Deus. Assim, a culpa que moralmente representa a condenação humana é apresentada como canal da redenção humana, enquanto canal da autocomunicação divina. Dessa forma, Rahner busca fazer predominar o amor de Deus destinado ao homem e visualiza um ser humano que,

---

[241] Cf. LADARIA, Luis. *Antropologia Teológica*. Tradução de Giuseppe Occhipinti e Carmelo Dotolo. Piemme theologica – PUG: Roma, 1995.

em sua existência, não é *de per si* inclinado totalmente para o mal, para a destruição e para um fim catastrófico, mas que é destinado à salvação em termos cristãos e que no âmbito ontológico-existencial significa o caráter transcendental de sua experiência de vida. Dessa forma, o homem é um *Dasein* que faz a experiência da decadência e do acesso, do cair e do levantar-se,[242] sempre contando com a presença do *partner* que jamais o abandona. Mas o homem não se sente muitas vezes abandonado por Deus? Sim, mas o abandono, na perspectiva rahneriana, é também amor à medida que se compreende esse amor como autocomunicação que possibilita ao homem o exercício de sua liberdade para dizer sim e para dizer não. Aqui está também a compaixão de Deus para com o homem, à medida que Deus apresenta ao homem sua própria ausência, como ausência presente que se manifesta no abandono e na conversão. Esta, por sua vez, é sempre a realidade do homem amado e que ama, perdoado e que perdoa, existencialmente entregue ao mistério absoluto e inefável.[243]

5. Conclusão

Objetivou-se neste texto explicitar a articulação entre teologia e antropologia, conforme a designação de Karl Rahner, considerado como

---

[242] Essa intuição é encontrada também em HEIDEGGER, Martin. "Augustinismus und der Neuplatonismus", op. cit.

[243] Cf. GESCHÉ, Adolphe. *O sentido.* Paulinas: São Paulo, 2005. Trata-se de uma obra que segue o caminho rahneriano de que Deus e o homem estão em constante diálogo, que se encontram exercitando a respectiva liberdade e que são parceiros no interior da própria criação. Nesse encontro, o homem afirma sua identidade, reconhece sua autonomia em construir seu próprio destino, sem que isso seja desvinculação com Deus e, por consequência, isolamento humano. Emerge uma antropologia teologal, porque é impossível pensar teologicamente o homem sem pensar Deus e é impossível conceber a Deus sem a compreensão do homem. A esperança é identificada com sabedoria, compreendida a partir da experiência que o homem tem ao longo de sua vida e nela encontra-se com Deus. O imaginário teológico que sustenta esta visão propicia que se visualize a teologia como antropologia efetivamente de revelação e de caráter teologal.

um dos maiores teólogos do século XX. Justificou-se esse objetivo a enorme contribuição desse teólogo na compreensão de Deus a partir do homem, visto à luz da categoria transcendental, concebida como *apriori* infinito presente nesse mesmo homem, considerado espírito finito. Fundamenta essa relação a filosofia, de cunho transcendental, pela qual é possível compreender o mundo onde o homem está situado.

Da compreensão do homem como sujeito livre e responsável, imbuído de um existencial permanente – o sobrenatural existencial –, tem-se sua imersão no mundo, no qual ele se encontra com Deus, compreendido como o santo, o mistério, o inefável. E Deus se encontra com o homem autocomunicando-se, agindo livremente para que o homem, no exercício de sua liberdade, escute-o e profira-lhe um sim, diante de sua interpelação ao efetivo encontro de amor.

Sem sombra de dúvidas, essa visão rahneriana influiu na teologia contemporânea, propiciando uma produção teológica que visualizasse com toda a clareza necessária e possível o *lócus theologicus* do fazer teológico, a partir do *lócus* do homem situado no contexto histórico-existencial de sua vida. Disso resultou uma pluralidade de teologias que, mesmo sem direta intenção e uso do pensamento de Rahner, denota o espírito rahneriano de que não há teologia sem antropologia e não há articulação entre teologia e antropologia sem uma filosofia de perspectiva transcendental.

Enfim, a articulação entre teologia e antropologia feita por Karl Rahner manifesta que a atividade do pensar filosófico-teológico inclui firmeza e convicção em uma perspectiva em simultaneidade com a abertura às várias maneiras de pensar, visando elaborar um pensamento capaz de ser, ao mesmo tempo, singular e plural. Além disso, a centralidade antropológica em seu pensamento está assegurada, o que implica que nenhum pensar crédulo abdica do homem e, em função da necessidade de compreender o homem, nenhum pensar crédulo abdica da filosofia, capaz de elevar o homem em sua plenitude de liberdade, responsabilidade e transcendência.

4

EXISTÊNCIA E HERMENÊUTICA EM TEOLOGIA

1. Introdução

A articulação entre existência e hermenêutica em teologia pertence à relação entre Martin Heidegger e Rudolf Bultmann, dois pensadores contemporâneos que se admiraram mutuamente e estabeleceram, em certo sentido, uma relação de contribuições mútuas. De modo explícito, Bultmann declarou que sua teologia *kerygmática* existencial apoiava-se na hermenêutica existencial heideggeriana. Também não se pode negar que Heidegger não tenha tido alguma contribuição na teologia bultmanniana, uma vez que concedeu uma conferência aos estudantes de teologia ligados a Bultmann[244] e reconheceu a cientificidade ôntica da teologia, porque a visualizou constituída de um *positum*.[245] No entanto, essa articulação não se esgota na relevância historiográfica da relação entre esses pensadores, mas em sua importância histórica, imbuída de significado contemporâneo. Em termos interrogativos: que legado essa relação deixa à filosofia e à teologia, especialmente no que se refere à incidência do caráter existencial na teologia contemporânea?

---

[244] Cf. HEIDEGGER, Martin. *Der Begriff der Zeit,* op. cit.
[245] Cf. Idem. "Fenomenologia e Teologia", op. cit.

Diante dessa interrogação, objetiva-se neste artigo explicitar que a articulação entre existência e hermenêutica em teologia é um grande legado deixado por Bultmann na esteira de Heidegger e que possui relevância para a teologia, enquanto ciência ôntica que se pretende ser contemporânea da atual época histórica, a partir da centralidade antropológica, para firmar-se como autêntico falar de Deus à humanidade. Para atingir esse objetivo, explicitar-se-á um conjunto de elementos fundamentais de Heidegger que estão presentes em *Sein und Zeit* e nortearão a teologia bultmanniana. Em seguida, tomar-se-á a obra *Glauben und Verstehen* de Bultmann,[246] que reúne um conjunto de artigos que, vistos em seu todo, apresentam seu pensamento. Ao final, buscar-se-á evidenciar a articulação entre ambos e as contribuições possíveis à filosofia e principalmente à teologia, ainda que historicamente sejam autores criticados por outrem, mas que não deixam de ser reconhecidos por terem deixado contribuições no âmbito do efetivo conceito de *existenziel* e *existenzial,* cada qual lidando a modo próprio e propiciando incidências na filosofia e, principalmente, na teologia.

2. A ontologia hermenêutica de Martin Heidegger

2.1. As obras preliminares e a obra *Sein und Zeit*

Martin Heidegger é considerado um dos maiores filósofos contemporâneos, especialmente por ter apresentado um pensamento inédito, denotativo de uma inquietude própria do ato de pensar filosoficamente. Essa inquietude pode ser concebida como inquietude da própria existência; e, por isso, todo o seu trabalho em refletir filosoficamente a existência, tomando a fenomenologia como seu

---

[246] Cf. BULTMANN, Rudolf. *Glauben und Verstehen. Gesammelte Aufsätze.* Band I-IV. J.C.B. Mohr: Tübingen, 1933; 1952; 1960; 1965. Aqui será utilizada a tradução italiana que compacta os quatro volumes: *Credere e comprendere*. Queriniana: Brescia, 1977.

método de pensar. Mas o que marcou historicamente o pensamento de Heidegger foi sua obra *Sein und Zeit*,[247] pela originalidade de apresentar a questão do ser mediante a analítica existencial e por apresentar a prospectiva de cumprimento desse projeto para trazer à tona o ser. No entanto, como se sabe o projeto não se cumpriu, mas a obra pioneira permaneceu, que verdadeiramente constitui-se em dois terços da primeira parte do projeto todo e adquiriu enorme relevância na história da filosofia contemporânea, sendo praticamente impossível pensar a existência e a hermenêutica em filosofia, e também em teologia, sem debruçar-se sobre tal obra.

Sein und Zeit é um marco crucial – não único –, em função de que o pensamento heideggeriano desenvolve-se de um modo próprio que adquire sua específica consistência e amadurecimento, inclusive na ideia fundamental da obra pioneira, que era a ideia de tempo. Nesse sentido, os *Seminários de Zollikon*[248] constituem como bom exemplo para apresentar a maturidade da categoria tempo, especialmente como tempo pleno em Martin Heidegger. A despeito desse marco, o projeto *Sein und Zeit* surgiu gradativamente em Martin Heidegger, cujas obras que merecem destaque, no que se refere à relação entre existência e hermenêutica em teologia, são *Phänomenologie des Religiosen Lebens*, de 1920-21,[249] e *Der Begriff der Zeit*, de 1924.[250]

Em *Phänomenologie des religiosen Lebens*, Heidegger apresenta uma abordagem geral do significado da análise fenomenológica da religião,[251] desenvolve uma análise fenomenológica da vida religiosa em São Paulo a partir de suas cartas,[252] em Santo Agostinho, à luz do

---

[247] Cf. HEIDEGGER, Martin. *Sein und Zeit,* op. cit.

[248] Cf. HEIDEGGER, Martin. *Seminários de Zollikon. Protocolos, Diálogo, Cartas.* Tradução de Gabriella Arnhold e Maria de Fátima de Almeida Prado. Vozes – São Francisco – *Dasein Analyse:* Petrópolis – Bragança Paulista – São Paulo, 2009.

[249] Cf. HEIDEGGER, Martin. *Phänomenologie des religiösen Lebens,* op. cit.

[250] Cf. HEIDEGGER, Martin. *Der Begriff der Zeit,* op. cit.

[251] Cf. *GA* 60, p. 1-66.

[252] Cf. Idem. "Phänomenologie Explikation konkreter religiöser phänomene anschluss an Paulinische Briefe", in *GA* 60, p. 67-156.

livro X das *Confissões*,[253] e na mística medieval, apesar de ter tomado também alguns autores contemporâneos, como por exemplo Rudolf Otto e Friedrich Schleiermacher.[254] Em função da vastidão da obra, vale uma pequena detenção no capítulo referente a Agostinho, cuja análise fenomenológica estrutura-se em apontar a introdução do livro, a relevância da memória na qual toda a vida do homem está presente, o significado da *beata vita*, o modo de perguntar e ouvir enquanto exercício da própria facticidade da vida, o *curare* como traço fundamental da vida fática, as tentações – concupiscências da carne, dos olhos e da soberba – como elementos constitutivos dessa mesma vida e a moléstia como facticidade da vida. Nessa obra, Heidegger já fazia a distinção entre *existenziel*, que corresponde ao dado ôntico da vida humana, e *existenzial*, que se refere ao caráter ontológico do homem. Com isso, explicitava a experiência religiosa de Agostinho como experiência desse duplo sentido da existência, recordada na memória sobre a vida, na busca da *beata vita* como modo de existir e principalmente, buscando efetivar o *curare* – *Bekümmertsein* –, na facticidade da vida, com suas experiências de decadência e de acesso, concebidas na temporalidade dessa mesma existência. Por isso, Heidegger não afasta moralmente as denominadas tentações da carne, dos olhos e da soberba da vida humana. Elas devem ser vividas fático-existencialmente, porque vivendo-as o homem realiza sua experiência existencial de descer ao próprio abismo, de ser elevado e firmar-se como *Dasein* ou *Faktische Lebenserfahrung*. A própria moléstia, que poderia ser vista pura e exclusivamente como algo negativo na vida, é tomada como um componente ontológico da existência humana, pelo qual se realizam os nexos existenciais entre decadência e acesso, o abismo e a superfície. Por isso, a vida pode ser concebida como tentação constante, e cuidar dela é dar-lhe importância fática, assumir tudo o que ela tem de existencial, viver

---

[253] Cf. Idem. "Augustinismus und der Neuplatonismus", op. cit.

[254] Cf. Idem. "Die Philosophischen Grundlagen der Mittelarterlichen Mystik", in *GA* 60, p. 300-351.

a experiência fática de modo existenciariamente próprio, assumir a vida tal como ela é, construindo um caminho próprio. Essa vivência fática existencial denota que o homem é *Faktische Lebenserfahrung* ou *Dasein*, que deve conceber a vida tal como ela é e empenhar-se para vivê-la existencialmente, na temporalidade do próprio tempo, pelo qual o homem retoma seu passado, antecipa seu porvir no presente, no agora, no instante desta vida.[255]

O texto *Der Begriff der Zeit* é referente a uma conferência proferida a estudantes de teologia do grupo de Bultmann, no qual Heidegger desenvolve sistematicamente sua concepção de tempo. Por isso, seu ponto de partida é a pergunta fundamental da questão colocada: O que é o tempo? Que elementos estruturam o tempo? Qual é a relação do tempo com o homem visto em sua ontologia existencial? Para responder a essas perguntas, Heidegger centra-se no enfoque filosófico e conceitua o tempo a partir do próprio tempo. Isso significa que Heidegger aponta para a necessidade de penetrar a quotidianeidade do homem, concebido como ente mutável, cuja mudança experimentada efetua-se no tempo. Para refletir a mutabilidade do tempo, Heidegger utiliza-se da física, atinge a concepção cíclica do tempo, fixando a possibilidade de sua medição, pela qual atinge o que ele denomina de sequências temporais. Dessas, ele infere o agora visto no plural, pelo qual conduz o tempo à concepção de *Dasein*, ainda que não tenha sido tão bem formulada como na obra *Sein und Zeit*. Ao identificar o tempo com o *Dasein*, Heidegger apresenta o *Dasein* inserido e ocupado no mundo, vivendo com os outros, sem perder seu si mesmo, experimentando a impessoalidade e apresentando a

---

[255] Cf. VATTIMO, Gianni. "Hos Mé. Heidegger e o Cristianismo", in *Depois da Cristandade. Por um Cristianismo não religioso*. Tradução de Cynthia Marques. Record: São Paulo – Rio de Janeiro, 2004, p. 151-167. Este texto é o último capítulo da obra deste filósofo italiano a respeito da análise filosófica da religião na pós-modernidade. Ele utiliza como obra fundamental a análise heideggeriana feita em *Phänomenologie des Religösen Lebens*, principalmente no que se refere à análise das cartas de São Paulo, recordando que Heidegger ainda não havia propriamente atingido a concepção de *Dasein*, mas havia utilizado a concepção *Faktsiche Lebenserfahrung* para exprimir o que em *Sein und Zeit* designaria de *Dasein*.

necessidade de desenvolver o cuidado – *Sorge* – do ser como cuidado de si mesmo em relação ao mundo onde se insere. Aí o *Dasein* defronta-se com a morte, concebida não como um fim definitivo, mas como encerramento de suas possibilidades e horizonte que propicia a autointerpretação do *Dasein* para a efetividade de sua própria existência. Nessa possibilidade, o *Dasein* transita e antecipa-se a sua possibilidade extrema e incide em seu próprio modo – o seu "como" – de realização no mundo, retomando o passado e antecipando o futuro, por meio da efetividade de sua decisão de "como" realizar-se no mundo e com o mundo. Nesse sentido, o cuidado é realçado por Heidegger, porque se trata de um cuidado histórico-existencial com o si mesmo do *Dasein*, requerendo assumir os elementos ontológicos emergentes na existência ôntica, inclusive a angústia, em evidente clareza de que o tempo é o *Dasein*, compreendido como caráter temporal do próprio tempo e na temporalidade do próprio aí do ser. Isso significa que o *Dasein* é trânsito e a possibilidade de sua antecipação, realizada histórica e existencialmente. Com isso, a historicidade está articulada com a possibilidade, o que designa que falar do tempo só é possível temporalmente, por meio de seu "como", colocando o *Dasein* como ser do ente em questão visto na temporalidade do tempo, cuja identidade reside no próprio *Dasein*.

A obra *Sein und Zeit* não é uma operação repentina, que surgiu do acaso do pensamento heideggeriano, mas que emergiu como decorrência do próprio percurso acadêmico realizado por Heidegger: sua tese de doutorado, seu escrito de livre docência, os cursos ministrados por Edmund Husserl, os quais frequentou durante seu período formativo,[256] as duas obras já mencionadas, seu curso sobre a história do conceito de tempo[257] e seu curso sobre a história da

---

[256] Cf. BORGES, Irene Duarte. "Husserl e a Fenomenologia Heideggeriana da Fenomenologia", in *Phainomenon 7* (2003), p. 87-103.

[257] Cf. HEIDEGGER, Martin. *Prologomena zur Geschichte des Zeitbegriffs*. Gesamtausgabe 20. Aos cuidados de Petra Jaeger. Vittorio Klostermann: Frankfurt am Main, 1979.

filosofia.[258] Sua preocupação fundamental era retomar a história do ser, superar a metafísica como onto-teologia – e isso não significa destruir a metafísica como sinônimo de eliminação total – e constituir uma ontologia fundamental à luz da *ex-sistência* em sentido próprio. Por isso, a obra assume a necessidade de se refletir filosoficamente a questão do ser sob a ótica da analítica existencial, que distingue o ontológico do ôntico e assume o método fenomenológico, trazendo à tona a categoria *Dasein*,[259] cuja compreensão pode ser assumida por ser aí, ou por estar aí,[260] ou ainda pelo aí do ser.[261] Sua análise só pode ser efetuada como ser existencialmente inserido no mundo, implicando também em compreender o significado da mundanidade do mundo, especialmente o significado de mundo circundante como tal e sua conjuntura. A partir disso, Heidegger não apenas efetua sua analítica existencial,[262] mas também explicita sua visão de círculo de compreensão,[263] da categoria cuidado,[264] a relação entre *Dasein* e temporalidade[265] presente na análise da morte,[266] da temporalidade como sentido ontológico do cuidado do ser,[267] da concepção de temporalidade associada à intratemporalidade[268] e ao conceito de história e historicidade.[269] Essa estrutura não

---

[258] Cf. Idem, *História da Filosofia,* op. cit.

[259] Cf. *GA* 2, p. 3-84.

[260] Cf. STEIN, Ernildo. "Introdução: o lugar paradigmático de Ser e Tempo", in *Seis estudos sobre "Ser e Tempo"*. Vozes; Petrópolis, 1988, p. 9-20.

[261] BORGES, Irene Duarte. "Husserl e a Fenomenologia Heideggeriana da Fenomenologia", in *Phainomenon 7*(2003), p. 103.

[262] Cf. *GA* 2, p. 85-173.

[263] Cf. *GA* 2, p. 174-239.

[264] Cf. *GA* 2, p. 240-305.

[265] Cf. *GA* 2, p. 307-313.

[266] Cf. *GA* 2, p. 314-354.

[267] Cf. *GA* 2, p. 355-441.

[268] Cf. *GA* 2, p. 442-491.

[269] Cf. *GA* 2, p. 492-577.

constitui todo projeto *Sein und Zeit*, mas duas seções da primeira parte, que poderia ter na conferência "Tempo e Ser" a terceira seção e conclusão da primeira parte. A partir de *Sein und Zeit* e das duas obras anteriores, infere-se um conjunto de elementos fundamentais denotativos de uma sistematização da ontologia fundamental heideggeriana: o significado da analítica existencial, a concepção de círculo de compreensão, a efetividade do cuidado, a morte como horizonte de encerramento de possibilidades e de movimentação do *Dasein* e o conceito de história.

2.2. Elementos fundamentais

2.2.1. *Analítica existencial*

Conforme já se explicitou, a preocupação fundamental de Heidegger era com a história do ser, pensada pela metafísica ao longo da história da filosofia. Nas obras anteriores a *Sein und Zeit*, tornou-se evidente que Heidegger assumiu o método fenomenológico e buscou efetivar sua ontologia fundamental. Para isso, ele não permaneceu na metafísica da essência do ser, mas assumiu o caminho de uma ontologia existencial, porque, diferenciando ciência ôntica de ciência ontológica, entendeu que a primeira abarcava uma região do ser, trazendo à tona um elemento objetivável, enquanto a segunda debruçava-se sobre o todo do ser, cujo movimento é possível mediante a análise da existência do ser. Nesse sentido, a filosofia não é ciência ôntica, mas ciência ontológica, e, nessa condição, sua função é analisar o ser a partir de seus vários sentidos, uma vez que o ser como tal só pode ser compreendido a partir de seu contexto circundante de vida. Nesse sentido, entra em cena o *Dasein* que deve ser compreendido ontologicamente em sua existência, porque ele é fundamentalmente o ser do ente que se lança no mundo, surgindo criativamente como vários modos de ser. Por isso, Heidegger utiliza a expressão *Existenz* em consonância com o verbo *existerien* e prefere não falar em categorias, mas em *Existenzial* para marcar as características básicas do ser do *Dasein*, o qual, vale recordar, está marcado pela facticidade da vida.[270]

Heidegger entende que existem duas maneiras de existência do *Dasein*: a autêntica e a inautêntica. A primeira corresponde ao modo como o *Dasein* efetiva seu ser. Sua decisão não é relativa ao ser ou ao não ser, mas ao como ser, denotando a maneira do modo de ser do *Dasein*. A autenticidade – *Eigentlichkeit* – do *Dasein* reside nele ser fiel a seu próprio eu e a agir por conta própria. A segunda é referente ao eu do *Dasein* quotidiano, enquanto eu-eles que se distingue do eu autêntico. Em outras palavras, a inautenticidade – *Uneigentlichkeit* – do *Dasein* reside em que ele realiza alguma coisa simplesmente porque é isso que se deve fazer. Isso não significa que haja alguma mácula no *Dasein*, mas que se trata de uma condição normal do homem na maior parte do tempo, sem a qual não seria possível nenhuma decisão.[271]

A análise do *Dasein* requer visualizar sua presença no mundo, concebido em dois aspectos. O primeiro é referente às coisas que o constituem como mundo: as pedras, as árvores, os animais. Eles se situam no mundo com uma presença singular e própria. O *Dasein* também se encontra no mundo juntamente com esses elementos. No entanto, e aqui reside o segundo aspecto, o *Dasein* apresenta-se no mundo com a consciência acerca de sua situação mundana. O mundo onde o *Dasein* situa-se é um mundo circundante, constituído de utensílios, mas é um mundo que aponta para um mundo mais amplo que está além dele e é imbuído de jogo de relações. Pois o *Dasein* não está sozinho no mundo, mas está com os outros *Daseins*, quotidianizando essas relações. Ora, diante do mundo onde está situado, o *Dasein* deve conhecer a situação do que lhe circunda, mas também deve saber movimentá-lo e movimentar-se nele. Esse conhecimento da situação do mundo circundante é o *apriori* do próprio conhecimento do contexto mundanal do *Dasein*, porque

---

[270] Cf. *GA* 2, p. 3-53.
[271] Cf. *GA* 2, p. 56-70.

a compreensão desse mundo é parte da compreensão essencial que o *Dasein* tem do ser, profundamente necessária para que seja *Dasein*. A espacialidade do *Dasein* não é abstrata, mas é o próprio fundamento da espacialidade do mundo circundante. E isso porque o mundo é real em função da realidade do *Dasein*, ainda que ele possa ser um dado da realidade colocado ao *Dasein*. Conforme já se afirmou acima, não basta que o *Dasein* se situe no mundo circundante, mas que também se relacione com os outros *Daseins*. Estar com os outros é uma característica estrutural do *Dasein*, porque a existência só é possível na relação com os outros. O mundo do *Dasein* é público, acessível aos outros tanto quanto a ele próprio.[272]

Além das concepções dos modos de existência e de mundo, a analítica existencial debruça-se sobre os estados de espírito – *Befindlichkeit* – do *Dasein*, concebidos como coisas mentais, sentimentos interiores que desempenham no máximo uma função subalterna no engajamento do *Dasein* com o mundo. Por isso diferem das emoções que se relacionam a alguma coisa em particular e denotam o estado em que se encontra o *Dasein*, em sua condição comum quotidiana ou em uma condição que ultrapassa a quotidianeidade. Todo *Dasein* está provido de um estado de espírito, da mesma forma que está provido de cuidado. E isto porque o estado de espírito é fonte vital e de percepção do mundo em que o *Dasein* se situa. Por meio desse estado, a mundaneidade e até mesmo a imperceptibilidade do mundo são reveladas. Nessa revelação, torna-se possível compreender e interpretar o *Dasein* que está no mundo com os outros, cujas implicações incidem diretamente na linguagem, na verdade e no cuidado.[273]

A linguagem não se reduz a asserções, a ordens ou sentenças, mas abarca o discurso – *Rede* – como sua forma básica e também o próprio silêncio, que, ao silenciar-se, exprime uma determinada forma de linguagem. Por isso, a linguagem deve permitir

---

[272] Cf. *GA* 2, p. 71-118.
[273] Cf. *GA* 2, p. 119-173.

a multiplicidade de significados, abrir-se ao mundo do *Dasein* e emergir desse mesmo mundo. É aí nesse processo de abertura, de desvelamento, de desocultamento que reside a verdade, e não em enunciados prontos e encerrados em determinadas formulações. O *Dasein* é o *lócus* primário da verdade, está contido nela e também na própria inverdade, a qual não deixa de ser também uma possibilidade do próprio *Dasein*.[274] A decadência – *Verfallen* – deve ser vista como uma possibilidade real do *Dasein*, um elemento constitutivo indispensável de si mesmo. Ao decair, o *Dasein* encontra-se em sua condição quotidiana e, por isso, sujeito a tagarelice – *Gerede* –, à curiosidade – *Neugier* – e à ambiguidade – *Zweideutigkeit*. Não se trata de realizar uma leitura moralista da quotidianeidade do *Dasein*, mas de visualizá-la tal como é. A decadência é componente indispensável do ser do *Dasein* que não se distancia da verdade, vista como desvelar e desvelamento, lançar luz e lançamento de luz. Por isso, a verdade floresce do pensamento que está a caminho, que emerge do próprio processo do pensar, que simultaneamente pode ocultar e desocultar, encobrir e descobrir.[275]

Ao desenvolver a linguagem em articulação com a verdade, Heidegger debruça-se sobre o cuidado – *Sorge* –, cujo sentido desdobra-se em dois aspectos: o da preocupação e o de tomar *cura* das coisas. O próprio ser no mundo do *Dasein* é cuidado, atenção – *Besorgen* – e solicitude – *Fürsorge* – com relação aos outros *Daseins*. O cuidado identifica-se com o *Dasein* e lhe é anterior e intrínseco, e por isso está relacionado à facticidade da vida – *faktische Lebenserfahrung* –, clarividenciando que o *Dasein* é já no mundo, situa-se ao lado de entidades no âmbito do mundo, engaja-se em uma tarefa mundana – daí sua decadência – realizada em sua temporalidade própria e imbuída de significado mundanal.[276]

---

[274] Cf. *GA 2*, p. 221-222.

[275] Cf. *GA 2*, p. 222-232.

[276] Cf. *GA 2*, p. 254-260.

Conforme o exposto, a analítica existencial abarca a vida do *Dasein* em seu todo e, por isso, não se desvincula de sua temporalidade – *Zeitlhichkeit* –, nem do horizonte do encerramento de suas possibilidades, nem de sua consciência de ser e tempo. Para isso, torna-se necessário que o *Dasein* desenvolva a compreensão, conscientize do significado cuidado e de todas as implicações de sua temporalidade.

2.2.2. O círculo de compreensão

O desenvolvimento heideggeriano acerca do círculo hermenêutico de compreensão e interpretação está amparado na afirmação de que o *Dasein*, ao ocupar o mundo, assume tarefas e apresenta-se em sua disposição. Mediante essa disposição o *Dasein* facticamente apresenta seu humor e seus sentimentos, pelos quais ele se lança renunciando e tornando-se público. A disposição – *Befindlichkeit* – é o modo de ser existencial em que o *Dasein* permanentemente abandona-se ao mundo e por ele deixa-se tocar de maneira a se esquivar de si mesmo, cujo desdobramento ocorre na experiência da decadência. É aí que surge o temor não como contrário dessa disposição, mas como seu modo. Isso significa que no desenrolar da disposição está também o temor como elemento constitutivo do *Dasein*, enquanto libera a ameaça, desenvolve-se pelo "temendo" e pela diversidade de possibilidades de temer. Dessa forma, o temor é um modo de disposição do *Dasein* que se configura em sua *existência*. Lançado no mundo em sua disposição, constituída de temor, para ocupar-se com o mundo e no mundo, o *Dasein* se vê diante da possibilidade e da necessidade de compreensão e de interpretação desse mundo e de si mesmo. A compreensão é um existencial fundamental à medida que corresponde à abertura de função e de significado a todo ser no mundo. O significado é relevante à medida que é ele a perspectiva em função da qual o mundo se abre como tal. Dessa forma, o *Dasein* é um ente que, como ser no mundo, está colocado em jogo, com a possibilidade de, diante de si mesmo, estar entregue a sua responsabilidade, de ser livre para poder ser mais próprio e de ter transparência em diversos graus e modos possíveis.[277]

Disso resulta a necessidade da compreensão, enquanto constitutivo e abertura do poder ser do *Dasein*.[278] Pela compreensão o *Dasein* possui transparência e visão de si mesmo e, por conseguinte, abertura às novas possibilidades de existência. Compreender é apontar para o ser existencial do próprio poder ser do *Dasein*, que, em si mesmo, se abre e mostra como se situa hermeneuticamente seu próprio ser. Por isso, a compreensão é o projeto em sua qualidade de constituição ontológico-existencial do espaço do poder ser de fato. Ao ser lançado, o *Dasein* lança-se no modo de ser do projeto e abre-se às possibilidades. Assim sendo, o ser só se compreende no projeto; o ente adquire enorme importância à medida que ele possui o modo de ser do projeto essencial de ser no mundo, obtendo a compreensão ontológica como um constitutivo de seu ser. Mas a compreensão não é suficiente por si mesma: ela exige o salto à interpretação. Interpretar significa apreender a compreensão, dar-lhe sentido existencial tomando a situação em sua totalidade conjuntural, que, por sua vez, já foi compreendida. Ao apropriar-se do que já se compreendeu, a interpretação move-se a essa totalidade conjuntural, e funda-se na posição prévia, na visão prévia e na concepção prévia. E isso porque não se interpreta sem a pré-compreensão que circula na compreensão no âmbito de qualquer tipo de evento a ser interpretado e imbuído de um sentido a ser apropriado. Sentido é aquilo que sustenta a compreensibilidade de alguma coisa, que se articula na possibilidade de abertura da compreensão; é a perspectiva que articula a posição, a visão e a concepção prévias e que possibilita a compreensão de algo. Por isso, Heidegger denominou o sentido como um existencial do *Dasein* que se encontra por trás dele ou se encontra oculto sem saber exatamente onde. Compreender e interpretar esse

---

[277] Cf. *GA* 2, p. 178-190.

[278] Cf. *GA* 2, p. 190-197.

existencial exige efetivar um círculo que coloca em movimento a compreensão, possibilita à interpretação mover-se na direção da estrutura prévia e colocar-se no movimento de compreender, tendo já se apropriado do compreendido que se pretende interpretar. No círculo entra-se a estrutura prévia existencial do *Dasein* para assegurar o tema que será desenvolvido no próprio processo de compreensão e de interpretação. O círculo com toda a sua movimentação pertence à estrutura de sentido, cujas raízes encontram-se na constituição existencial do *Dasein*, em sua condição de compreensão que interpreta.[279]

O desdobramento desse círculo é a emergência da proposição como derivado da interpretação e como lugar próprio e primário da verdade, cujo sentido desdobra-se em três sentidos: a demonstração, a predicação e a comunicação. Esses sentidos apresentam-se no círculo, dão corpo ao modo de realização da hermenêutica e ao *logos* analítico existencial do próprio *Dasein*. Esse *logos* culmina na linguagem que pronuncia um discurso referente ao sentido do mundo apropriado à compreensão e sua interpretação. No entanto, esse pronunciamento exige atitude de escuta e o silêncio necessário que possibilita o próprio discurso. Esse silêncio é a mudez que possibilita o ato de falar. Por isso, *Dasein* e linguagem identificam-se, pois a linguagem é a evidência do *Dasein*, e o *Dasein* é a condição ontológico-existencial da linguagem. Essa identificação possibilita que o círculo incida na quotidianeidade, na condição de comunicação, em sua abertura entendida como curiosidade e na ambiguidade presente nessa mesma quotidianeidade.[280] Por isso, o círculo exigirá a efetividade do cuidado conceituado como ser do *Dasein* em todo esse processo de compreensão e de interpretação, pelo qual se infere a verdade como *aletheia*, abertura à possibilidade da emergência do *novum*.

---

[279] Cf. *GA* 2, p. 198-212.
[280] Cf. *GA* 2, p. 213-239.

2.2.3. O cuidado

A efetividade do cuidado – *Sorge* – pressupõe a presença do cuidado na própria estrutura originária do *Dasein*. Ocorre que o *Dasein*, enquanto ser no mundo, está sujeito a decair em sua quotidianeidade. A decadência, conforme já se analisava na perspectiva agostiniana, é elemento constitutivo do *existenzial* do *Dasein*, possibilitando que seja feita a experiência da angústia. Essa é disposição fundamental que privilegia a abertura do *Dasein*, porque possibilita a experiência do temor e da ameaça que empurram o próprio *Dasein* a decair no mundo.[281]

Em função dessa característica do cuidado, a angústia é a abertura de maneira originária e direta do mundo como mundo, é ainda a retirada do *Dasein* como ser no mundo e aparecimento do ser-em no modo existencial de não sentir-se em casa. A angústia coloca o *Dasein* de modo efetivo no jogo da existência, lança-o no mundo.[282] Nisso reside o cuidado com o *Dasein*, pois ele é ocupado com o próprio ser da ocupação, que é o cuidado. Esse possibilita o ser propenso do *Dasein* à vida e confirma a interpretação existencial desse mesmo *Dasein* à medida que, enquanto cuidado, explicita a dedicação e afirma sua universal transcendentalidade por seu próprio desempenho. No cuidado, o *Dasein* penetra a realidade enquanto ser no mundo, assume-a ontologicamente à medida que afirma a possibilidade do ente intramundano ser conhecido e identifica-o com a própria realidade. O cuidado aponta ainda que o *Dasein* é abertura e verdade à medida que se abre a si mesmo, abrindo-se ao mundo. Sua verdade é verdade para si à medida que se abre no mundo, lançando-se nele, abrindo-se para a descoberta dos entes intramundanos. Por isso, o *Dasein* está na verdade e na não verdade, porque em sua abertura o *Dasein* possibilita que o *logos* seja descobridor e encobridor, tornando possível o movimento da existência constituído de decadência e

---

[281] Cf. *GA* 2, p. 240-244.
[282] Cf. *GA* 2, p. 244-253.

acesso, de desen-cobrimento e em-cobrimento. É essa constituição ontológica originária que o cuidado propicia ao *Dasein* e é sobre essa base que é produzido o conceito de compreensão ontológica subsistente no próprio cuidado.[283]

A despeito de toda descrição do cuidado do *Dasein*, Heidegger entende que a constituição mais originária existencial e a totalidade mais originária do ser do *Dasein* implica em se defrontar com outros elementos: o todo, a morte e o tempo.[284] Trata-se de conceber que o *Dasein* já foi inserido no todo estrutural do mundo aberto e, portanto, possui uma situação hermenêutica, tendo no cuidado a totalidade de seu todo estrutural.[285] Nesse sentido, o *Dasein* vive a possibilidade de ser todo à medida que está relacionado aos outros, defrontando-se inclusive com a morte de si mesmo, a partir da experiência da morte dos outros. Por isso, o *Dasein* concebe a morte como um fenômeno da vida que possibilita encerrar possibilidades, aparecendo como um horizonte que empurra o *Dasein* a lançar-se na própria possibilidade de morte. É aí que surge a angústia com a morte, na condição de poder ser mais próprio, irremissível e insuperável. O ser no mundo é aquilo com que a angústia se angustia, cujo confronto ocorre na quotidianeidade em que *Dasein* se temporaliza. É aqui que o *Dasein* encontra-se para a morte em perspectiva propriamente existenciária (*existenziel*), pela qual ele se completa na morte, chega a seu fim, não como destruição de si mesmo, mas como possibilidade privilegiada. A morte é a possibilidade da impossibilidade absoluta para o *Dasein*, que lhe proporciona visualizá-la na quotidianeidade.[286]

---

[283] Cf. *GA 2*, p. 254-261

[284] Heidegger já havia exposto esses temas em *Der Begriff der Zeit* e, na segunda seção da primeira parte de *Sein und Zeit*, desenvolve-os com a maior profundidade. Pelo fato de a configuração temática ser a mesma já exposta, abreviar-se-á a presente exposição.

[285] Cf. *GA 2*, p. 411-419.

[286] Cf. *GA 2*, p. 314-334.

2.2.4. *Temporalidade e morte*

A análise do tempo é para Heidegger crucial em sua ontologia fundamental, porque o *Dasein* não efetiva seu círculo de compreensão e o cuidado de si mesmo fora do tempo. A presença do ser do *Dasein* é temporal, porque o ser manifesta-se em modos de ser enquanto modos temporais de ser. Por isso, analisar o tempo somente à luz do tempo do relógio não é suficiente para o desenvolvimento da analítica existencial, mas torna-se necessário tomá-lo também à luz da existência do *Dasein*, principalmente em seu caráter de autenticidade denotativo de decisões tomadas e atividades realizadas, uma vez que é na temporalidade do tempo que sua existência se efetiva. Dessa forma, o *Dasein* não é apenas o presente de forma presenteística, denotativa da possibilidade em descartar o passado e ignorar o futuro. O *Dasein* é o presente que retrocede no passado e a projeção no futuro lançado. Nesse sentido, o *Dasein* possui uma tradição, na qual sua vida é imbuída de um passado marcado por significados incisivos no presente e uma prospectiva em que o futuro é antecipado no lançamento do próprio *Dasein*. Aqui reside a finitude do *Dasein*, sua existência no mundo e sua temporalidade, que o caracteriza em sua abertura ao e no mundo.[287]

Ao se defrontar com sua finitude concebida na temporalidade do tempo, o *Dasein* visualiza sua morte à luz do todo que é sua própria vida. Heidegger tem por certo que a interpretação existencial da morte precede a onto-biologia e a fundamentação em toda a perspectiva histórica, psicológica e etnológica, porque a assume como uma possibilidade privilegiada do *Dasein*. E, por quê? Porque a morte é um horizonte, é algo certo na vida do *Dasein*, um fenômeno da vida, um encerramento de um modo de ser, um chegar ao fim que encerra um modo de ser absolutamente insubstituível para cada presença singular. Com isso, a morte denota a possibilidade da impossibilidade absoluta do *Dasein*

---

[287] Cf. *GA* 2, p. 266-305.

que, por sua vez, ao se movimentar, lança-se na possibilidade de morte, não porque há um gosto especial ou uma disposição para o morrer em si, mas porque a morte é fenômeno constitutivo da vida. Disso, emerge a angústia com a morte que, fundamentalmente, é a angústia com o poder ser mais próprio, irremissível e insuperável. Essa angústia não se confunde com o temor de viver, mas é uma disposição fundamental que abre o *Dasein* para o fato de que, ao ser lançado no mundo, se defronta com a morte. Por isso, o *Dasein* morre existindo pela decadência, pela qual se anuncia a fuga da estranheza.[288]

O *Dasein* é concebido então como um ser para a morte, imbuído de uma quotidianeidade em que se realiza como tal.[289] Nessa quotidianeidade, a morte surge apresentando sua singularidade e sua impessoalidade, porque todos os *Daseins* devem morrer. No entanto, essa quotidianeidade não implica indiferença do *Dasein* à morte, mas há continuidade de seu poder ser mais próprio, irremissível e insuperável. Mediante o modo de ser do *Dasein*, a certeza da morte é afirmada na quotidianeidade, embora se tente encobri-la ao afirmar seu caráter paradoxal, que consiste em ter a certeza da morte e não se saber o tempo em que ela se efetivará como tal. Mesmo nesse horizonte paradoxal e considerando a impropriedade do ser para a morte e o consequente extravio do *Dasein* na maior parte das vezes, a existência do *Dasein* é sua determinação como ente que é, a partir de uma possibilidade que ele mesmo é, e compreende. Por isso, a propriedade do ser para a morte é a possibilidade existenciária do *Dasein*, cuja afirmação

---

[288] Cf. *GA* 2, p. 307-336.

[289] *GA* 2, p. 335: "Die Herausstellung des alltäglichen durchsmittlichen Seins zum Tode orientiert sich an den früher gewonnenen Strukturen der Alltäglichkeit. Im Sein zum Tode verhält sich das *Dasein* zu ihm selbst als einem ausgezeichneten Seinkömen" ("A exposição do ser para a morte mediano na vida quotidiana orienta-se pelas estruturas da quotidianeidade já apresentadas. No ser para a morte, o *Dasein* comporta-se com ela enquanto um poder ser privilegiado").

implica em reconhecer seu projeto existencial enquanto ser para a morte em sentido próprio.[290]

Esse projeto consiste em que o *Dasein* abre-se para autocompreender-se por suas disposições, para comprometer-se com o horizonte de possibilidade, abandonando-se a si mesmo e tendo ciência de sua realidade. Na condição de ser para a morte, o *Dasein* antecipa seu poder ser, liberando-se antecipadamente para a morte, enquanto liberação para as possibilidades finitas. Pois é na possibilidade de antecipação que se efetiva a possibilidade mais própria, irremissível e insuperável do *Dasein*. Isso é também a possibilidade da indeterminação, uma vez que não há horário, data e local marcados para a morte. Ora, no desenvolvimento da temporalidade da morte situa-se a angústia – *Angst* –, elemento essencial do ser para a morte. A angústia permite que se mantenha aberta a ameaça absoluta e contínua do *Dasein*, que emerge de seu ser mais próprio e singular. Por meio dela, o *Dasein* dispõe-se frente ao nada da possível impossibilidade de sua existência. Nela, o *Dasein* angustia-se pelo poder ser daquele ente determinado e lhe abre a possibilidade mais extrema, porque na antecipação o *Dasein* foi singularizado, a totalidade de seu poder ser tornou-se certa, propiciando que a disposição fundamental da angústia pertença à compreensão de si mesma, o que é o próprio *Dasein*. Nesse sentido, o ser para a morte é essencialmente angústia. Mas essa antecipação é delimitada no projeto existencial, à medida que o ser para a morte possui a liberdade para a morte e, perdido, enquanto *Dasein* no próprio impessoal, coloca-se diante da possibilidade de ser si mesmo, angustiando-se em sua temporalidade.[291]

A análise desse movimento do *Dasein* diante da morte, concebida como um horizonte de encerramento das possibilidades e, ao mesmo tempo, de retroação da vida para tornar o passado presente, de lançamento do projeto para antecipar o futuro, desemboca no conceito de consciência – *Gewissen* – emergente a partir do testemunho do *Dasein*

---

[290] Cf. *GA* 2, p. 337-354.
[291] Cf. *GA* 2, p. 400-411.

em seu sentido próprio. Esse testemunho é a própria voz da consciência – *Stimme des Gewissens*[292] –, que se situa no modo de ser do *Dasein* e, com o fato, somente se anuncia com e na existência de fato. A consciência é o clamor – discurso e aclamação – do *Dasein*, cuja escuta precedente é a explicitação de que se quer ter consciência.[293] Os fundamentos da consciência são a compreensão, emergente conforme o movimento do círculo supramencionado, e o clamor articulador da compreensibilidade como discurso, cuja compreensão é possível em função da abertura constitutiva do *Dasein*.[294] O clamor da consciência denota a autocompreensão e o ultrapassamento do *Dasein* pela aclamação, além de ter também no silêncio seu discurso. O clamor da consciência tem o poder de cura – *Sorge* –, porque denota o lançamento do *Dasein* na existência, na qual se defronta com o nada mundano, articula clamor e silêncio, experimenta a decadência, de modo que o aclamar do clamor seja efetivamente compreendido.[295]

A consciência interpreta existencialmente o *Dasein*, exercendo diante dele uma função crítica, falando a respeito de um ato determinado, defrontando-se com a culpa – *Schuld* –, pela qual incide diretamente na axiologia. No entanto, ontologicamente o *Dasein* realiza um dinamismo entre agir e ouvir de modo que o ato de ouvir ocorre no bojo da ação, pois quando se age é porque se ouviu, e o ouvir propiciou a ação. A partir dessa dinâmica, o poder ser em sentido próprio é estruturalmente testemunhado na consciência, que explicita sua compreensão pelo clamor identificado com o silêncio, bem como manifesta a decisão tomada pelo *Dasein*. Essa decisão está fundada na situação do *Dasein*, identifica-se com o cuidado do *Dasein* que visualiza a morte como um horizonte que o conduz a movimentar-se em sua existência.[296]

---

[292] Cf. *GA* 2, p. 356.
[293] Cf. *GA* 2, p. 355-358.
[294] Cf. *GA* 2, p. 358- 361.
[295] Cf. *GA* 2, p. 362-371.
[296] Cf. *GA* 2, p. 371-399.

2.2.5. *Temporalidade, transcendência e história*

Conforme o exposto acima, o *Dasein* identifica-se com o tempo e se realiza no tempo. Por sua vez, o tempo efetiva-se na temporalidade – *Zeitlichkeit* –, a qual é primordial para o *Dasein*. A temporalidade é constituída de quatro noções: a autêntica, a inautêntica, a pública e a vulgar. A temporalidade autêntica ocorre quando o *Dasein* movimenta-se para encontrar antecipadamente sua morte, remontando nesse movimento seu nascimento. A esse movimento, Heidegger denomina *Ekstase*, cujo significado etimológico corresponde a estar fora, aparecer no exterior, remover, deslocar-se ou ainda estar fora de si mesmo. Dessa forma, há um movimento *ekstático* de passado, presente e futuro, cuja ordem não corresponde à concepção aristotélica de que o tempo é uma sequência de agoras. O *ekstase* primário é o futuro – *Zukfunt* – enquanto movimento de vir para e, por conseguinte, antecipação do horizonte visualizado. A partir do futuro, o *Dasein* que antecipadamente busca encontrar-se com sua morte, realiza outra *ekstase* ao retroagir a seu passado – *Gewesenheit* – a partir do futuro mencionado. Por isso, o passado ao qual o *Dasein* retroage é o passado que permanece no presente, conformando a situação presente do próprio *Dasein*. Trata-se de um passado vivo, relevante e incisivo no presente, emergente do futuro. Disso resulta uma outra *ekstase*, a do presente – *Gegenwart* –, na qual o *Dasein* decide sobre o agir.[297]

A temporalidade compreendida a partir das *ekstases* do futuro, do passado e do presente remete à transcendência e à liberdade do *Dasein*. No âmbito da transcendência, a temporalidade do *Dasein* se insere na estrutura do cuidado do próprio *Dasein*, constituída de modo tríplice: adiante de si mesmo, ser já no mundo e ser ao lado de entidades que encontra no âmbito do mundo.[298] A partir dessa estrutura, o *Dasein* realiza sua transcendência à medida que ele se situa no

---

[297] Cf. *GA* 2, p. 428-440.
[298] Cf. *GA* 2, p. 442-444.

mundo, defrontando-se diante de si mesmo, tendo de conviver com sua angústia remetente às possibilidades mundanas, confrontando-se com o mundo que lhe é dado e com as entidades que constituem esse mundo.[299] Ao realizar sua transcendência, o *Dasein* transcende outras entidades, projeta um mundo em que essas entidades jazem distância de si mesmo, porque é imbuído da possibilidade de exercitar sua liberdade ao fazer suas escolhas, ao optar por caminhos que lhe são próprios; de efetivar sua temporalidade *ekstática*. Dessa forma, o *Dasein* transcende seu próprio estado presente para o mundo, realiza-se como tempo em forma de temporalidade *eksática* de modo tríplice. A transcendência do *Dasein* efetivada em sua própria liberdade denota que não há mundo sem temporalidade e que a temporalidade não se exerce fora do mundo e suas *ekstases*. O *Dasein* que transcende é aquele que se situa no mundo, recebe o que lhe é dado pelas entidades, mas exercita sua liberdade movimentando-se no mundo, criando e recriando mundos mundanalmente, acolhendo as entidades como possibilidades e não como puras atualidades. Por isso, o *Dasein* pergunta por seu fundamento e aí encontra sua própria liberdade para existir em sua transcendência.[300]

---

[299] Cf. *GA* 2, p. 444-463. Aqui, Heidegger desenvolve a temporalidade da compreensão, da disposição, da decadência e do discurso. Na primeira, apresenta o *Dasein* enquanto cuidado – cura – à medida que se abre a questionar a existência, para mudar diante do porvir, antecipando-se e lançando-se ao futuro, vivendo o instante enquanto um fenômeno existenciário e desenvolvendo a recordação consoante ao esquecimento. Na segunda, a temporalidade realiza-se à medida que o *Dasein* está aberto ao humor, ao temor e à angústia, pelos quais se efetiva a determinação da compreensão do *Dasein*. Na terceira, afirma-se a decadência do *Dasein*, uma vez que para atualizar-se, desenvolve a curiosidade, pela qual o *Dasein* insere-se no mundo e, no horizonte *ekstático* defronta-se com a morte, como ser lançado para a morte. Dessa forma, o *Dasein* decai, se perde, se abre para o instante e se abre para a situação-limite do ser para a morte. Na quarta, Heidegger realça a relevância da linguagem que se apresenta no discurso, cuja atualização é a efetividade das *ekstases* do futuro – porvir –, do passado – vigor de ter sido – e do presente – atualidade. Essas *ekstases* devem ser vistas em sua especificidade e na unidade tríplice. E é nisso que consiste a unidade estrutural do cuidado.

[300] Cf. *GA* 2, p. 463-491.

Ao afirmar a transcendência e a liberdade do *Dasein*, Heidegger visualiza a necessidade de desenvolver a relação entre temporalidade e história, porque não há possibilidade de afirmar a transcendência e a liberdade sem incidir na história. Heidegger afirma que a história não pode considerar o tempo quantitativamente como faz o cientista natural. Influenciado pelas concepções de Friedrich Hegel e, principalmente, de Wilhelm Dilthey, Heidegger faz uma distinção entre *Historie* e *Geschichte*, definindo a primeira como ciência histórica e a segunda como matéria-prima dessa ciência. A distinção não implica na separação entre ambas, mas na respectiva unidade em seus modos distintos de concepção. Por isso, define a história como aquilo que o *Dasein* realiza em seu contexto próprio de vida, o que propicia ao historiador compreender a história a partir de sua própria pré-compreensão do que está em análise – suas fontes históricas, sua curiosidade e os acontecimentos que estão a seu redor –, e apreender a história como a história de *Daseins* passados e de seu mundo.[301]

A despeito da distinção acima mencionada, Heidegger centra-se na concepção de *Geschichte*, denotando sua relação com *Schicksal* – destino – e *Geschehen* – acontecimento – para sustentar que a história como ciência não pode remeter-se a um passado morto, desvinculado do presente, sem ter como movimento principiante o futuro. Isso significa que *Geschichte*, *Schicksal* e *Geschehen* devem estar coadunados na vida própria do *Dasein*. Mas como se realiza essa coadunação? Antes de tudo, torna-se necessário entender o significado de cada um em sua particularidade, para, em seguida, explicitar o vínculo entre eles. O primeiro elemento a ser destacado é *Geschehen*, correspondente ao acontecimento do próprio *Dasein*. Na realidade, o *Dasein* acontece estendendo-se desde o nascimento até a morte. Esse movimento em que se estende o *Dasein*, Heidegger denomina de historicidade, enquanto conceito que permite compreender o acontecimento do *Dasein* ao ir ao encontro da morte antecipadamente e retornar a seu nascimento, escolhendo possibili-

---

[301] Cf. *GA* 2, p. 492-500.

dades situadas em sua visão, no momento de visão e ao aderir a ela em constância com relação a si mesmo.[302] A possibilidade escolhida é o *Schicksal* compreendido na própria historicidade do *Dasein*, desenvolvida na interação com outros *Daseins*, presentes no mundo onde está situado. Mas o *Schiksal* não é o destino comum dos povos, mas o destino do *Dasein* que, como ser-no-mundo, existe essencialmente no ser-com-os-outros, sendo sua historicidade uma co-historicidade e, então, destino comum. Ao inteirar-se com o mundo, o *Dasein* assume o destino comum, historicizando-se autenticamente. A tudo isso, Heidegger denomina historicidade autêntica. No entanto, há também a historicidade inautêntica, que é aquela ocorrida sem o movimento direto do *Dasein* na direção da morte. É aquela historicidade que transforma a história em história do mundo. Na história do mundo, o *Dasein* se dispersa, cai no mundo presente e, por isso, entende o passado nos termos do presente.[303]

Diante da possibilidade de historicidade autêntica e historicidade inautêntica, Heidegger preocupa-se com a incidência da historicidade na construção da historiologia ou historiografia. E isso porque a historicidade está na raiz da historiologia, ainda que a historicidade – especialmente a autêntica – não requeira a historiologia. No entanto, a historiologia não se atém apenas às fontes do passado, mas também à própria existência do historiador. Pois não há como desvincular o ser histórico do *Dasein* que esteve presente no acontecimento analisado. E, em função da existência do historiador e, por conseguinte, de sua liberdade, há uma seleção do material a ser utilizado na produção da historiologia, cuja escolha é efetivamente *existenziel*, pré-ontológica e fática em relação à historicidade do *Dasein*. Além disso, a historiologia não pode e nem deve desprezar as possibilidades do *Dasein* em seu contexto histórico próprio, em sua facticidade existencialmente vital, em seu aí histórico-existencial. Não é possível e nem é plausível exigir que um filósofo do início da era cristã no Ocidente

---

[302] Cf. *GA* 2, p. 501-504.
[303] Cf. *GA* 2, p. 505-518.

pense como um filósofo vivo atualmente, porque ambos são *Daseins* com seu contexto histórico-existencial, real e próprio. Por isso, Heidegger aderiu à classificação nietzscheniana acerca da historiologia, caracterizando-a como monumental, antiquária e crítica. Todas estão inseridas na historicidade autêntica, porque o *Dasein*, voltado para o futuro, está aberto às possibilidades monumentais da existência. Porém, o *Dasein* é igualmente lançado e, por isso, tem a possibilidade de preservar reverentemente a existência que esteve lá no *lócus* que está em análise. Eis então o caráter antiquário da historiologia. Mas o *Dasein* também faz sua escolha no presente, realizando a crítica necessária para fazer a historiologia autêntica.[304]

O tempo da historiologia é o tempo do mundo que está tripartido, conforme as *ekstases* acima mencionadas. Esta tripartição é um então no sentido de depois – *dann* –, outro então referente ao presente – *jetz* – e um então ainda correspondente ao naquele momento anterior – *damals* –, e, portanto, refere-se ao tempo passado. Esta tripartição é passível de databilidade, tornando o tempo efetivamente público e passível de medição – é o caso do tempo do relógio – embora não seja retirado de cena o caráter de significação que é dado ao tempo do mundo.[305] Do tempo do mundo passa-se ao tempo comum, que a partir do agora – do presente – desenvolve a retenção do passado e a espera do futuro. Trata-se de afirmar o caráter significativo do agora, não visto em uma série sequencial, mas no horizonte da *temporalidade ekstática*, pela qual o *Dasein* conhece o tempo do mundo e o tempo fugidio visualizado em função de que esse mesmo *Dasein* antecipadamente vai ao encontro da morte. É aí que reside o surgimento da verdade como um desocultamento ou desencobrimento que reside na autenticidade, embora o tempo do mundo permita ao *Dasein* datar os acontecimentos, entendê-los à luz da inautenticidade.[306]

---

[304] Cf. *GA* 2, p. 518-534.

[305] Cf. *GA* 2, p. 535-564.

[306] Cf. *GA* 2, p. 565-577

A exposição heideggeriana denota compreender o tempo na temporalidade, desenvolvida na existência do *Dasein*. Isso significa que sua analítica existencial assume a categoria cuidado – *cura, Sorge* – expressa na temporalidade denotativa do sentido ontológico dessa categoria. Daí decorre o conceito heideggeriano de filosofia, identificada com uma ontologia fenomenológica, compreendida como hermenêutica do *Dasein*. Em outras palavras, a preocupação heideggeriana com a história do ser transformou-se em analítica existencial, pela qual o *Dasein* é analisado à luz de sua constituição ontológico-existencial, fundada na temporalidade.

3. A apropriação da hermenêutica existencial por parte de Rudolf Bultmann

3.1. O programa de demitologização

Rudolf Bultmann (1884-1976) é considerado um dos grandes teólogos do século XX, por ter uma vasta obra e principalmente por ter dado contribuições valiosas na produção de uma teologia existencial de cunho *kerygmático*. O mérito de suas contribuições pode ser atribuído a seu espírito de abertura teológica ao diálogo com a filosofia, principalmente com a ontologia hermenêutica existencial de Martin Heidegger, e com as ciências humanas, rompendo com a possibilidade de produzir uma teologia pura, isenta de mediações. A compreensão de sua teologia existencial, presente fundamentalmente na obra *Glauben und Verstehen*,[307] requer visualizar seu programa de demitologização, assaz relevante e fundamental à compreensão de seu círculo hermenêutico e das concepções existenciais de Cristo, de Palavra e de Escatologia.

Em seu programa de demitologização, Bultmann parte do pressuposto de que o novo testamento possui uma concepção mítica

---

[307] Cf. BULTMANN, Rudolf. *Glauben und Verstehen,* op. cit.

de universo, uma vez que concebe a terra como lugar de atuação de poderes sobrenaturais, além de entender essa mesma terra como realidade inferior àquela do céu. Ora, essa concepção não significa distância neotestamentária da realidade histórica do homem, mas aproximação mediante uma linguagem mítica denotativa do acontecimento salvífico que se apresenta em Cristo. Por isso, cabe à teologia demitologizar a proclamação cristã. Isso significa que o novo testamento possui um sentido soteriológico e escatológico, cuja linguagem é resultado dos instrumentos de compreensão de mundo, especificamente as heranças deixadas pela apocalíptica judaica e pelo mito gnóstico da redenção, possibilitando a emergência linguística de curas, milagres, atuação de espíritos e demônios, de realização de catástrofe cósmica.[308]

O programa de demitologização efetiva-se na articulação da perspectiva existencial da essência do mito e do novo testamento. Isso significa que a linguagem cristã presente no novo testamento é *kerygmática*, cuja intencionalidade de seus autores é anunciar a mensagem salvífica presente em Cristo, compreendido como evento escatológico, e a exigir de quem escuta essa mensagem uma decisão em aderir ou não a tal anúncio – *kerygma*. A adesão é de fé, vista em sua autêntica existência, enquanto um existencial permanente.[309] A execução desse programa bultmanniano traz à tona dois elementos fundamentais: compreensão cristã do ser e acontecimento salvífico presente em Cristo.

A compreensão cristã do ser inclui a compreensão do ser humano fora da fé e dentro da fé. No primeiro, o ser humano é considerado imerso no mundo e a seus poderes, embora não se encontre no novo testamento qualquer menção de poder material sobre o ser humano.

---

[308] BULTMANN, Rudolf. "Novo Testamento e mitologia. O problema da demitologização da proclamação neotestamentária", in *Demitologização. Coletânea de Ensaios.* Tradução de Walter Altmann e Luís M. Sander. Sinodal: São Leopoldo, 1999, p. 5-12; Idem, "Gesú Cristo e la mitologia", in *Credere e comprendere,* op. cit., 1017-1023.

[309] Cf. Idem, "Novo Testamento e mitologia", op. cit., p. 13-19.

Este mundo é transitório, passível de morte, encontra no pecado sua causa. O pecado é obra da carne (Rm 5,12), cuja compreensão não é sinônimo de corporalidade e sensorialidade, mas de esfera do visível, do tangível, do disponível, do mensurável, do transitório. Por isso, a carne denota a vida humana neste mundo, propiciando que o ser humano preocupe-se com sua vida, com esta vida.[310] No segundo, o ser humano tem a autenticidade de sua vida na fé, oriunda de Deus, por sua graça, pela qual os pecados são perdoados. Essa graça que possibilita a fé ao homem exige obediência desse mesmo homem, cujo significado é o despojamento de si, a entrega radical a Deus, depositando total confiança nele. Esse despojamento é "desprendimento de tudo quanto é mundanamente disponível, ou seja, a postura de desmundanização, a liberdade".[311] Essa desmudanização é a tomada de distância para com o mundo, sem sair dele, sem submeter-se a ele, mas mergulhado nele; o homem de fé não se deixa afetar por ele (1Cor 7,17-24). Mediante a fé, o homem se abre e se lança ao futuro, adquire existência escatológica (2Cor 5,17), antecipando o futuro, já que o tempo de salvação efetivamente já aconteceu em Cristo. Isso significa que a vida cristã efetiva-se não por uma experiência psíquica denotativa de elementos religiosos, mas pela postura de fé, de cunho marcadamente pneumatológico. E isso porque o crente vive no Espírito, realiza suas obras à medida que decide agir em função da fé. A vida de fé, enquanto uma vida no Espírito, não tolhe o homem de sua responsabilidade em decidir por ter ou não a vida nova, porque sua decisão é elemento constitutivo do próprio processo de demitologização.[312]

Outro elemento fundamental nesse programa de demitologização é o acontecimento salvífico presente em Cristo, uma vez que ter fé exige obediência e entrega a Deus, de modo livre, cuja possibilidade efetiva-se somente como fé em Cristo. Para desenvolver

---

[310] Cf. Idem, Ibidem, p. 20-22.

[311] Idem, Ibidem, p. 23.

[312] Cf. Idem, "Gesú Cristo e la mitologia", op. cit., p. 1023-1037.

essa concepção Bultmann constata que, no conceito existencial, o homem é interpelado à decisão por ter uma vida autêntica ou não. Essa decisão exige que o homem retire-se do âmbito do impessoal, assuma aquilo que é em sua existência e exerça sua liberdade cuidando e empenhando-se para encontrar a resolução denotativa de autenticidade na existência humana. Trata-se, em termos filosóficos, de um caminho natural do ser do homem, pelo qual dá sentido a sua existência. A despeito de compreender o caminho filosófico e dignificá-lo ao assumir a ontologia hermenêutica heideggeriana, Bultmann compreende que o sentido da existência está na fé, pela qual o homem tem consciência da ação de Deus e de sua decisão diante das interpelações divinas à vida autêntica. Por isso o acontecimento de Cristo é um evento referente à existência humana, em que o pecado é anulado e superado, a justiça divina é efetivada e o homem é interpelado a agir livremente para obediência na fé, pela qual se alcança uma existência autêntica.[313]

O novo testamento assume a concepção mitológica de Cristo e articula-a com a história humana. Por isso, a demitologização é um programa em que não se concebe o novo testamento como um registro biográfico de Jesus, mas como um escrito de fé que se fundamenta soteriologicamente na cruz e na ressurreição de Jesus Cristo. Por ser um escrito de fé, parte-se da preexistência de Cristo como Filho de Deus, concebe-se sua morte de cruz e ressurreição como evento escatológico, a ser anunciado. Isso significa que o evento histórico-factual da cruz é elevado a dimensões cósmicas, é imbuído de significação histórica enquanto incide na história humana e, por tudo isso, é um evento escatológico. Por isso, a cruz de Cristo não deve ser assaz valorada como um evento histórico-factual, constituído do caráter horrorizante da própria crucificação, mas deve ser compreendido à luz da fé. Nesse sentido, na crucificação de Jesus Cristo, apresenta-se a crucificação dos crentes (Rm 6,6), os quais têm participação em sua morte

---

[313] Cf. Idem, "Novo Testamento e mitologia", op. cit., p. 26-36; Idem, "Gesù Cristo e la mitologia", op. cit., p. 1037-1045.

(1Cor 11,26). Dessa forma, a cruz de Cristo está presente na vida dos crentes (Gl 5,24; 6,14) que experimentam seus sofrimentos (Fl 3,10). Por haver essa presença da cruz de Cristo na vida dos crentes, a cruz não é uma evento mítico, mas histórico – cuja origem está no evento histórico-factual da crucificação de Jesus de Nazaré –, de total conotação escatológica.[314] A ressurreição, por sua vez, não se constitui como um evento histórico-factual, passível de comprovação empírica, mas seu sentido está em sua unidade com a cruz, enquanto único evento cósmico. A ressurreição é um objeto de fé que se caracteriza como um evento escatológico, de aniquilação da morte, de vitória definitiva da vida e iluminação da imortalidade (2Tm 1,10). O próprio sacramento do batismo, em sua forma de imersão e emersão, denota o fim da morte e o início de uma vida nova, a comunhão com a morte e a ressurreição de Cristo (Rm 6,4-11). Assim sendo, o crente participa do sofrimento e da glória de Cristo (Fl 3,10), experimenta a força na fraqueza de Cristo (2Cor 13,3ss.), vive pelo poder de Deus. Com isso, cruz e ressurreição constituem um único evento escatológico, a ser anunciado como verdadeira boa notícia. A fé compreensiva na palavra anunciante é autêntica fé pascal, denotativa de evento salvífico--escatológico. Esse anúncio – *kerygma* – propicia que o Ressuscitado venha ao encontro do homem, na força da própria palavra anunciada, efetivamente histórica, existencial e escatológica.[315]

3.2. O círculo hermenêutico

Em seu artigo escrito em 1950[316] referente à hermenêutica, na esteira do programa de demitologização, Bultmann assume com precisão o caminho existencial de sua teologia, apropriando-se da hermenêutica heideggeriana. Sua análise sobre a hermenêutica é tomada historicamente para apreender os autores Dilthey e Schleiermacher

---

[314] Cf. Idem, "Novo Testamento e mitologia", p. 37-41.
[315] Cf. Idem, Ibidem, p. 41-47.
[316] Cf. Idem, "Il problema dell'ermeneutica", op. cit., p. 565-588.

visando apresentar a hermenêutica como ciência da compreensão da história em geral, fundamentada filosoficamente na gramática e na psicologia. Mas seu ponto fundamental é quando toma a ontologia hermenêutica existencial de Heidegger, traz o texto para a vida humana e suscita a pergunta por seu significado. Desta forma, Bultmann assume a importância da pré-compreensão no processo de compreensão e de interpretação, próprio do círculo hermenêutico heideggeriano. Na pré-compreensão há de considerar a relação vital entre o autor e o leitor do texto, uma vez que nessa relação apresentam-se todos os elementos que constituem cada um dos envolvidos no processo. Para que não haja uma leitura ingênua, nem positivista, e tampouco partidária de um interesse específico, torna-se necessário imperar o interesse hermenêutico, que, mediante a circularidade do próprio processo, traz à tona a escuta interrogativa da obra interpretada, o complemento do intérprete imbuído de sua previedade existencial de compreensão também interrogada pelo próprio texto e, especialmente, a efetividade do diálogo que propicia prevalecer o caráter histórico-existencial do próprio processo de compreensão e interpretação.[317]

Ao apropriar-se dessa circularidade hermenêutica, Bultmann a aplica em teologia. Para isso, ele intui que a palavra sobre Deus, propriamente a teologia, deve ser fiel àquilo que Deus efetivamente fala ao homem. A maneira de realizar essa fidelidade é somente mediante a perspectiva existencial – *existenzial* –, cuja mediação é o existenciário – *existenziel* – desse mesmo homem.[318] Dessa forma, deve-se considerar que Deus fala ao homem, por meio de uma tematização intrínseca à própria vida humana, na qual a questão fundamental está mediada por um tema específico, representativo da questão que foi posta. Essa tematização é referente à própria existência do homem, ao sentido que está subjacente a sua vida e, seguindo a lógica dos escritos bíblicos, é a interpelação que o próprio Deus faz ao homem, exigindo deste úl-

---

[317] Cf. Idem, Ibidem, p. 565-573.
[318] Cf. Idem, Ibidem, p. 566.

timo reflexão e decisão. Os escritos bíblicos devem estar submetidos a este processo hermenêutico-existencial, o qual não dispensa as regras hermenêuticas antigas de interpretação gramatical, filológica e historiográfica de modo a colocar o texto em seu contexto de produção. Nisso há de considerar como pressuposto a ação de Deus e sua distinção em relação à ação humana e aos eventos naturais, como elementos constitutivos da pré-compreensão do autor e também do intérprete. E quando se compreende o texto bíblico, realiza-se sua interpretação visando responder à pergunta: o que Deus quer desta forma dizer ao homem de hoje, em sua existência real? É exatamente nesse ponto que reside a hermenêutica existencial bultmanniana: que o processo de interpretação requer o processo de compreensão que só é possível existencialmente, implicando que o homem deva encontrar-se consigo mesmo e com os outros homens, situar-se historicamente no mundo onde habita e dar-se conta da palavra de Deus, que lhe é dirigida em sua existência, mediada pelo caráter existenciário de sua manifestação. Isso requer do homem ato de fé, pelo qual escuta a palavra de Deus, a compreende e interpreta; reflete, medita e decide a respeito da interpelação recebida. Com isso, o homem é sujeito também da compreensão e da interpretação da palavra de Deus e se reflete como tal quando efetua a leitura dos textos bíblicos, porque ao lê-los Deus está proferindo-lhe sua palavra; e, em atitude existencial, o homem intera-se com o(s) autor(es) do(s) texto(s), assume os escritos como palavra de Deus, reflete e medita-os para tomar sua decisão.[319]

3.3. Teologia kerygmática

Essa hermenêutica existencial assumida por Bultmann está refletida em toda a sua teologia, a qual é denominada de *kerygmática*. Ao tratar do *kerygma*, Bultmann debruça-se sobre a necessidade de fazer com que Deus seja efetivamente contemporâneo ao homem. Isso significa que o *kerygma* cristão deve não apenas denotar uma novidade

---

[319] Cf. Idem, Ibidem, p. 573-588.

historiográfica, mas acima de tudo uma novidade histórico-existencial, efetivamente incisiva na vida humana. Por isso, o *kerygma* não pode e nem deve estar desvinculado do contexto histórico-existencial do homem, e ser irreal diante de sua realidade vivida. O *kerygma* é anúncio de uma novidade interpelativa, provocativa ao ser do homem, visto como *Dasein* e, portanto, em sua historicidade e existência. O *kerygma* presente na teologia deve propiciar que enquanto ciência de fé, imbuída de implicações de cunho existencial, a teologia levante a pergunta: como falar de Deus de modo eficaz ao homem contemporâneo, segundo a perspectiva da existência? A única possibilidade visualizada por Bultmann é pela via da concessão de Deus, porque a teologia deve falar a partir de Deus mesmo, se pretende ser fiel a Ele. E, por fidelidade, deve antes de tudo obter a concessão de Deus, entendida como a possibilidade que Deus abre na ciência teológica, para que Ele fale de si mesmo mediante o teólogo. Para que isso se efetive, essa concessão realiza-se no *lócus* da existência humana, ainda que Deus seja o totalmente Outro[320] e possua essência diferente daquela do homem. Ora, uma vez concedida pelo próprio Deus a possibilidade de que a teologia fale de Deus, então se pergunta: de que maneira é possível falar de Deus após a concessão do próprio Deus? Conforme já se afirmou, o *lócus* da teologia é a existência humana, pela qual se realça a relevância da *Weltanschauung*, que, por sua vez, não pode ser entendida com o algo qualquer. A *Weltanschauung* é a própria visão de mundo do homem, constituída de seu contexto histórico-existencial de vida, o *lócus* por excelência. Na estrutura da existência humana, o

---

[320] Cf. OTTO, Rudolf. "Mysterium tremendum (Aspectos do Numinoso II)", in *O Sagrado. Os aspectos irracionais da noção do divino e sua relação com o racional.* Tradução de Walter O. Schlup. ETS – sinodal – Vozes: São Leopoldo – Petrópolis, 2007, p. 44-63. O autor dá origem à ideia de Deus como totalmente Outro, tão desenvolvida por BARTH, Karl. *Carta aos romanos*. Tradução de Lindolf K. Anders. Novo Século: São Paulo, 2003, apresentando a experiência religiosa como uma experiência do numinoso, compreendido como *Mysterium Tremendum et Fascinans,* o Outro que arrepia, assombra e seduz o homem a seu encontro, mantendo-se distante, mas totalmente fascinante para que ocorra frequentemente o encontro entre o homem e a divindade.

homem é concebido em sua historicidade, liberdade, capacidade de relacionar-se com outros homens e com o mundo circundante, apto a manualizar o que está a sua volta, de buscar o todo possível de sua vida e de se defrontar com a morte com ou sem medo. Em sua relação com a fé, esse mesmo homem realiza o ato de crer em nexo existencial; e, por isso, seu ato torna-se uma convicção de fé, pela qual esse mesmo ato torna-se também livre, cuja verificação efetiva-se mediante a fé. Essa verificação feita pela fé possui um nexo existencial, no sentido de que somente pela fé pode-se atingir a liberdade plena, coerente com a própria existência humana. A fé permite viver a existência de modo autêntico, cujo ato de crer é um consentimento do próprio Deus ao homem.[321] Por isso, a fé é ponto fundamental da existência humana. Nela, Deus mesmo já se dirige ao homem, interpelando-lhe e concedendo-lhe a liberdade de falar de seu falar e de seu agir. E isto porque Deus doa essa liberdade ao homem, presente na fé, cuja efetividade está na própria justificação pela graça realizada pelo próprio Deus. Isso significa que o homem é livre a partir da fé e possui a fé, porque Deus em Cristo – encarnação, morte e ressurreição – justificou-o gratuitamente. Nesse sentido, a existência autêntica do homem está em que ele fala a partir da fé professada, cujo ato de fé é a segurança dessa mesma fé. Esse ato não é de modo algum um ponto fixo que estabiliza e dá segurança ao homem, por ser simplesmente seguro. A segurança da fé presente no ato da fé é algo de inseguro que permite ao homem problematizar e refletir sua existência e também falar dela. A segurança da fé é então segura somente na qualidade de ato e como fé na graça de Deus que redime os pecados humanos pela justificação efetivada na graça. É esta segurança que permite ao teólogo falar sobre Deus, porque quando fala está submetido à graça de Deus e põe-se a crer.[322]

A teologia *kerygmática* de Bultmann[323] apresenta ser função

---

[321] Cf. Idem. "Che senso ha parlare di Dio"?, in *Credere e commprendere,* op. cit., p. 35-44.

[322] Cf. Idem, Ibidem, p. 44-47.

[323] Idem, "Sulla mia Teologia", in Ibidem, p. 839-850.

– determinada pelo próprio Deus. Isso não significa que o teólogo alemão seja adepto de um determinismo, denotativo de que Deus se impõe ao homem, de tal modo que lhe tolha a liberdade. Ao contrário, Deus se impõe de modo a provocar e interpelar o homem a responder-lhe em sua existência de modo existenciário – *existenziel* – com toda a liberdade. Dessa forma, cabe à teologia compreender a fé, antes de tudo, como um acontecimento existenciário, visando sua compreensão existencial.[324] A partir da experiência existenciária do homem, para compreender a fé na perspectiva da existência, formula-se uma teologia existencial, constituída de um programa de demitologização, pelo qual Bultmann rechaça a ideia de uma compreensão de caráter meramente historiográfico na Escritura que possibilite formular um quadro biográfico de seus personagens, de conceber fatos miraculosos puramente extraordinários, sem qualquer incisão e vínculo histórico-existencial. Rechaça também a abdicação da perspectiva existencial da fé, que ilumina todo o processo de compreensão e de interpretação dos textos bíblicos.[325] E isso porque a teologia é a reflexão sobre a existência do cristão e, portanto, o que dela decorre tem de estar relacionado com a existência humana, em especial a cristã.[326] Que repercussão tem então essa perspectiva na cristologia e na concepção de palavra de Deus?

3.4. Cristologia existencial

A cristologia formulada na ótica bultmanniana,[327] mediante o programa de demitologização,[328] objetiva superar qualquer modo que indique uma cristologia fundamentada na historiografia e preo-

---

[324] Cf. Idem, Ibidem, p. 839-844.

[325] Cf. Idem, "Gesú Cristo e la mitologia", op. cit., p. 1046-1061.

[326] Cf. Idem, Ibidem, p. 844-850; Idem, "Sulla situazione teológica attuale", in Ibidem, p. 851-857.

[327] Cf. Idem. "Il significato del Gesù storico nella teologia di Paolo", in Ibidem, p. 203-229.

[328] Cf. Idem. "Gesú Cristo e la mitologia", in Ibidem, p.1017-1061.

cupada em levantar a biografia de Jesus em seu sentido estrito. E isso não corresponde a desprezar o Jesus histórico e tampouco desprezar o caráter histórico da fé. Também não é uma cristologia que se constitui apenas e tão somente de um depósito de verdades encerradas e que devem ser repetidas aos fiéis da Igreja. Essa cristologia fundamenta-se no modo como se constitui a teologia existencial e, por isso, depende do caráter existencial da fé. Isso significa afirmar que a fé não é uma atitude meramente humana, mas uma atitude do homem em função de que há anterioridade de Deus no movimento da própria fé. Dessa maneira, a fé que se apresenta e constitui a teologia é a fé no próprio objeto de investigação da ciência teológica: Deus que se revela ao homem na *existência* humana.[329]

Essa cristologia afirma existencialmente o caráter histórico de Jesus à medida que é impossível efetuar uma descrição biográfica, em um sentido exato da questão, mas é possível compreender o sentido de sua presença que existenciariamente coloca o homem em movimento de fé que requer dele um ato de fé consciente e efetivamente existencial. A consciência é o âmbito de resposta da fé, porque é iluminada pela fé, que exige dela decisão em aderir ou não a Cristo. E essa adesão a Cristo requer visualizá-lo na profundidade de sua *existência*. E isso somente é possível quando se concebe que existencialmente os discípulos de Cristo fizeram a experiência

---

[329] Bultmann reforça o que já havia dito anteriormente sobre a teologia incidir na cristologia. A teologia é a reflexão científica da própria existência enquanto é determinada por Deus. Ela é a tematização científica do que já está presente na fé. A cientificidade da teologia reside em se constituir como um pensamento elaborado, uma possibilidade relacionada com o próprio objeto desde a primeira relação, enquanto é parte dessa relação. Por isso, o movimento do conhecimento teológico será sempre um movimento da própria fé no ato da apropriação pessoal dessa mesma fé. E esse movimento da fé é existenciário, é uma obediente escuta à palavra de Deus, proporcionando à teologia que, ao captar essa mesma fé oriunda da decisão e do acolhimento humano à interpelação divina, se torne existencial, porque foi elaborada a partir da existência do homem, de sua angústia, de sua capacidade de decisão em favor da fé. E isso porque a fé exige existencialmente a decisão por acolher ou não a interpelação divina presente em Cristo.

da escuta da fé, escutaram o anúncio, sentiram-se interpelados e decidiram pela adesão a Cristo. Nisso reside o fato de que Cristo anunciou a palavra de Deus, interpelou seus discípulos e obteve deles resposta de fé. Esse movimento de anúncio e de resposta denota a íntima relação entre o caráter auditivo da fé e a liberdade de decisão que é intrínseca à própria fé. A decisão pela adesão é sempre livre e, ao efetivar-se como decisão livre, realiza-se então uma existência autêntica, porque o caráter autêntico da existência reside somente na fé. Mas em concomitância com essa livre decisão de fé está a dependência da fé em relação ao Espírito Santo, porque Ele move à fé aquele que será crente. Trata-se de uma experiência vital – *Erlebnis* – da confiança depositada em Cristo, cuja substancialidade reside na historicidade dessa experiência de fé, presente em forma de experiência de justiça e de bem, de força espiritual que cria no homem essa confiança. Por isso, o homem sincero crê que esse Deus revelado em Cristo é o Deus vivo, experimentado na história humana, sendo essa experiência fundamental para o surgimento e desenvolvimento da fé. A experiência de fé daí decorrente desdobra-se em um *Erlebnis* moral junto às pessoas, que propicia a raiz de toda verdadeira religião. Mas não permanece apenas nesse nível; ela é intrínseca à fé mesma, enquanto é um existencial de interpelação para o bem, a justiça, a existência autêntica, vinda do próprio Cristo.[330]

A experiência existencial da fé não reside em uma vida interior, de recolhimento e de desvinculação histórica da existência, mas da própria história humana em que se realiza a existência. E por quê? Porque essa experiência é possível pela graça e pelo movimento que essa graça gera, especialmente o do *kerygma* realizado pela Igreja, assaz importante para a fé, uma vez que sem a pregação da palavra não é possível que se tenha acesso à fé. Isso significa que a fé é de responsabilidade da própria palavra e da pregação que faz a Igreja. De fato, o evangelho possui força própria

---

[330] Cf. Idem, "Pressuposti e motivi della teologia del nuovo testamento", in *Teologia del nuovo testamento*. Queriniana: Brescia, 1992, p. 13-180.

que penetra o homem, que se apresenta em uma linguagem histórica, e que deve ser anunciada mediante um processo de demitologização que possibilita uma imagem de Cristo presente na fé, que, por sua vez, propicia a escuta e a decisão em aderir ou não a Cristo. Por isso, essa cristologia assenta-se na historicidade do homem e da própria revelação através da palavra predicada, cujo conteúdo é o perdão dos pecados humanos e a remetência à historicidade existencial do homem. A existência autêntica apresenta-se no *Erlebnis*, decorrente da historicidade existenciária do homem presente nas diversas experiências, – confiança – desconfiança, respeito – revolta, amor – ódio, reconhecimento – ingratidão, fidelidade – infidelidade, arrependimento – soberba. A predicação considera tudo isso, interpela o homem à conversão, liberando-se de espetáculo e ações extraordinárias, mas constituindo-se de um conjunto de experiências que levam o homem a se decidir. O anúncio feito pela Igreja cristã acerca da predicação de Cristo e da vida trazida por ele, enquanto proeminência, é existência autêntica, conseguida apenas na fé, que efetiva sua operacionalidade no amor em articulação com a fé. Nenhum *Erlebnis* se opera isento de fé e de amor, porque sem essas virtudes não será despertada a esperança. A resposta do homem realizada com fé e pela fé na interpelação de Cristo, enquanto um existencial permanente, é acolhimento à salvação trazida pelo próprio Jesus Cristo. E se a fé é existencial que se opera no existenciário da vida, propicia a experiência da salvação; logo a existência humana relaciona-se à salvação cristã.[331] Então se pergunta: como se efetua essa relação entre existência humana e salvação cristã?

3.5. Palavra escatológica

Para responder a pergunta acima, torna-se necessário refletir sobre o modo da teologia existencial bultmanniana desenvolver a concepção de palavra de Deus e sua relação com o homem. Para isso, Bultmann tece elementos bíblicos significativos acerca da palavra.[332]

---

[331] Cf. Idem. "Sul problema della cristologia", in Ibidem, p. 97-125.
[332] Cf. Idem, "Il concetto di parola di Dio nel nuovo testamento", in Ibidem,

No antigo testamento, a palavra era considerada como ação e exigência de Deus em sua relação com o homem e com o mundo. Essa ação divina é constatada nos eventos da natureza, à medida que Deus demonstrou sua potência ao homem, mediante a própria natureza que diz a esse mesmo homem algo de Deus. O homem é apresentando como dependente de Deus, cuja presença verbal realiza-se nos mencionados eventos. Esses eventos constituem-se em verdadeira palavra diretiva de Deus aos homens, que adquire um sentido de imperativo e de ordem, de modo que, ao atender essa palavra, o homem se sente confortado. Ao agir nesses eventos, Deus fala, e sua palavra denota que ele se coloca ao homem, interpelando-o ao ser, limitando-o e o circundando. Por isso, a palavra de Deus é sua ação, não enquanto é compreensível, mas na condição de incompreensível que coloca o homem simultaneamente na obscuridade e na luz. Seu domínio sobre a natureza é incompreensível em seu todo e nisso reside a luz de que Deus fala com autoridade e com soberania, pois sua palavra realiza a criação. A compreensão de sua palavra é possível na substancialidade dos eventos, mas é insondável em sua causa. Por isso, ela se torna uma lei de Deus a ser escutada para obedecer e cumprir. Ao adquirir esse caráter de imperativo, poder, ordem, criação, essa palavra é interpeladora ao homem, exigindo deste não apenas a atitude de escuta, mas também a capacidade de obediência, profundamente ligada à vontade e disposição do homem.[333]

Segundo Bultmann, o uso grego helenístico[334] que circunda o antigo testamento conceitua a palavra na relação entre sua forma e seu significado. A palavra é o *logos*[335] identificado com a razão. Por isso, a forma da palavra jamais está desvinculada de seu significado, mas há um predomínio do significado. E isso porque, em um discurso, quem escuta o orador não se atém ao orador, mas ao *logos* que

---

[333] Cf. Idem. Ibidem, p. 287-293.

[334] Cf. Idem, Ibidem, p. 293-298; Idem, "Pressupposti e motivi della teologia del nuovo testamento", op. cit., p. 71-162.

[335] Cf. Idem, Ibidem, p. 294.

ele pronuncia a fim de que o internalize, o assuma, o retenha como sentido de sua própria existência. O *logos* é pensante à medida que está internalizado no "eu" do homem, não havendo aqui qualquer tu externo para dialogar com o referido *logos*. Esse *logos* não apenas constitui o homem, mas também o cosmos evidenciando nele segurança de sua existência. E, por ser pensante, isso significa que o *logos* é a própria estrutura do mundo à medida que é sua tarefa dar consistência a tudo o que está para acontecer. Ele separa e liga, mede e delimita, olha tudo com perspectiva complexa para dar unidade a tudo. Por isso, ele fundamenta o cosmos, é sinal da estrutura unitária do ente. O *logos* não permanece apenas nisso, mas identifica-se também com a *physis*[336] à medida que se torna uma lei universal. Dessa forma, o *logos* adquire sentido de potência, obtendo então a capacidade de gerar vida, vindo a ser denominado de *logos spermatikos*.[337] No entanto, esse *logos spermatikos* defrontou-se historicamente com a concepção dualista de mundo, passando a ocupar uma posição de intermediário entre os dois mundos: superior – inferior, perfeito – imperfeito, ideia – matéria. Daí decorre a ideia de emanação, pela qual se torna possível conjugar a força divina presente neste mundo e a divindade transcendente. No processo de emanação, o *logos* resulta em ser o criador do mundo, porque ele é o mediador pelo qual a divindade transcendente – o Uno absoluto –, apresenta-se de modo indiferente em todas as coisas do mundo. Assim, a divindade não se apresenta diretamente ao homem, cabendo ao *logos* ser o revelador da divindade que permanece sempre na esfera do *absconditus*.[338] Por isso, o *logos spermatikos* é o *logos revelatus*, embora não se encontre aqui o caráter de interpelação que a palavra de Deus no antigo testamento possui, a despeito da incidência da categoria *logos* no Cristianismo, mediante a relação deste com o helenismo.

---

[336] Cf. Idem, ibidem, p. 295.

[337] Cf. Idem, Ibidem, p. 295.

[338] Cf. idem, Ibidem, p. 297.

No novo testamento,[339] a palavra de Deus é desenvolvida a partir da apropriação que os autores fizeram tanto da herança veterotestamentária quanto do helenismo. Isso significa que a palavra de Deus é concebida como palavra do criador, do juiz, do senhor soberano. Ela é operada no novo testamento a partir do *kerygma* cristão,[340] assumido pelos discípulos de Jesus em função da respectiva experiência existencial com o próprio Cristo. Não se trata então de conceber que os discípulos tivessem um conjunto de doutrinas oriundas de Cristo, em sentido físico e fundamentalista, para que, uma vez apreendidos, fossem transmitidos no processo de formação das comunidades cristãs. O *kerygma* é o conteúdo existencial da palavra transmitido aos discípulos, cuja fé proporcionou-lhes responder à interpelação de Cristo. A palavra é então *kerygmaticamente* transmitida, fazendo-se presente ao homem em linguagem humana. Seu conteúdo é interpelativo, provocativo e possui um horizonte para atingir a existência do homem, exigindo-lhe então atitude de escuta. Mas o que é efetivamente essa atitude? Trata-se de uma atitude em que o homem se entrega a sua existência, mergulha totalmente em sua vida, sabendo que o apelo de Deus exige-lhe atenção para escutar. Isso implica que o homem há de ter consciência de ouvinte para compreender e interpretar essa palavra. Ao colocar-se nessa atitude diante de Deus, sem desvincular-se de sua existência, o homem participa de um evento de interpelação iniciado por Deus e que exige de si resposta conotativa de decisão tomada em favor ou contra Deus. Essa decisão é tomada no instante que une o *kerygma* com a escuta e, por isso, é denominado de momento de abertura da vida e da morte. A decisão do homem é uma decisão de fé, cuja possibilidade de emergência só é plausível à medida que ocorre a compreensão. A fé, por sua vez, já é compreensão, e a compreensão é a fé em movimento. Ora, no novo testamento essa fé é a fé em Cristo, compreendido como palavra viva, cortante e

---

[339] Cf. Idem, Ibidem, p. 298-312; Idem, "Pressupposti e motivi della teologia del nuovo testamento", op. cit., p. 42-70

[340] Cf. Idem, Ibidem, p. 299.

eficaz, como palavra-evento que se realiza na decadência presente na cruz de Cristo e por analogia no martírio dos cristãos. Disso resulta que escutar a palavra de Deus em Cristo é escutar uma palavra que interpela o homem à conversão – *metanoia*[341] – a Cristo. E qual é o tempo da conversão? Aqui que reside um profundo caráter escatológico do *kerygma* cristão, em que se explicita ser o *eschaton* o próprio Cristo que se apresenta na história, na única história em que Deus e o homem se encontram. Por isso, a palavra de Deus no novo testamento, enquanto é Cristo mesmo presente, está articulada com a vida do homem, com a possibilidade de que ele se torne novo, em função dessa palavra *logótica* que é o próprio Cristo. O Cristianismo que surgiu da experiência existencial do encontro de Cristo com os apóstolos predica esta palavra, cuja proclamação é a predicação do próprio Cristo, palavra viva, animadora, interpelativa à conversão. E quando a Igreja proclama essa palavra, é o mesmo Cristo que a proclama, com sua própria força e vivacidade. Enquanto palavra, Cristo julga salvificamente e, por isso, interpela à conversão. Quem escuta a sua palavra e decide por professar a fé nele, o acolhe e vive essa fé no testemunho de vida. E quando há esse acolhimento na forma de testemunho, experimenta-se a verdade na vida *hic et nunc*,[342] une-se o passado com o presente e antecipa-se o futuro, na qualidade de verdadeira salvação. A Igreja que proclama essa palavra é domicílio dessa palavra e, por isso, é comunidade escatológica, uma vez que o que proclama é *eschaton*,[343] Jesus Cristo, o fim verdadeiro para todo homem, a última palavra; palavra da verdade, o Filho do Pai que se tornou carne e habitou no meio da humanidade, como palavra de vida plena.

---

[341] Cf. Idem, Ibidem, p. 305.

[342] Cf. Idem, Ibidem, p. 306.

[343] Cf. Idem, ibidem, p. 312.

4. Aproximação da ontologia hermenêutica com a teologia kerygmática

Conforme se vislumbrou ao longo de toda a exposição da ontologia existencial heideggeriana e da teologia bultmanniana, a existência pensada ontologicamente por Heidegger não se distancia da hermenêutica aplicada em teologia por Bultmann. Aliás, o próprio teólogo afirmou que sua produção teológica foi influenciada pelo caráter existencial dado pelo filósofo de Marburgo. Mas em que consiste esta aproximação e que contribuição ela traz para a filosofia e a teologia, ambas produzidas na era contemporânea?

Constata-se em ambos pensadores a apropriação das categorias *existenzial* e *existenziel*, dando à primeira um caráter ontológico e à segunda um caráter ôntico. Isso significa que não admitem a possibilidade de que o ontológico e o ôntico estejam desvinculados um do outro, mas que são subsistentes e correlacionados. E isso porque o existencial manifesta-se no existenciário, e este manifesta-se em função da presença daquele. Com isso, a atenção dada por Heidegger ao homem como *Dasein*, assumido como ser do ente, que existenciariamente se apresenta no tempo quotidianizado, ocupa-se no e com o mundo, sempre em companhia dos demais *Daseins*, e que compreende e se autointerpreta nesse todo, que constitui seu mundo, elaborando uma linguagem que lhe dê significado – sentido –, é de fundamental importância para Bultmann. E por quê? Porque o significado da existência é que o faz o jogo epistemológico fundamental da teologia *kerygmática* existencial. E nisso reside a importância de Heidegger, ao aclarar o modo como se elabora a linguagem, acentuar o processo de comunicação em todo o seu desenvolvimento. No fundo, Heidegger já adiantava o que ficou evidenciado com maior intensidade na "Carta sobre o Humanismo", de que a linguagem é a clareira do ser.[344] Mediante a linguagem, o ser mostra-se como ser do ente que busca incessantemente seu sentido de estar no mundo e com os outros. Com isso, Bultmann pensa sua teologia de forma

---

[344] Cf. HEIDEGGER, Martin. "Carta sobre o humanismo", op. cit., p. 326

que sua linguagem seja a clareira do ser. Mas que ser? Trata-se do ser da fé que não pode e nem deve ser pensado sem a existência e sem o existenciário que lhe dão consistência. Ao apropriar-se da concepção heideggeriana de linguagem e do próprio círculo hermenêutico de Heidegger, Bultmann acentua com toda a intensidade possível a importância da decisão em favor da fé para se ter uma existência autêntica. Para decidir em favor da fé, o homem necessita ser existencialmente interpelado por essa fé que lhe provém mediante o *kerygma*, cujo *logos* é autenticamente provocativo à decisão na qualidade de sentido da própria existência humana. Nisso está baseada sua cristologia, sua concepção de palavra de Deus e a cientificidade de sua teologia.[345]

Ora essa aproximação apresenta-se também na concepção de tempo e sua relação com a morte. Heidegger é enfático ao afirmar na temporalidade do tempo que a morte é um horizonte de encerramento de possibilidades e também a possibilidade de antecipação, de impulso a uma existência autêntica ou inautêntica. Isso possibilitou a Bultmann apresentar sua escatologia com fundamentação histórico-existencial, sem prender-se à teologia dos novíssimos, mas debruçando-se sobre o significado do *eschaton* que é intra-histórico e possibilita a fé na ressurreição dos mortos e na vida eterna. Bultmann elabora sua escatologia de caráter existencial, implicando em conceber o tempo existencialmente pensado por Heidegger como tempo escatológico, denotativo de que na decisão do homem para existir autenticamente, e, portanto, decisão pela fé, Deus já está agindo escatologicamente. Nesse sentido, a relevância dada por Heidegger ao agora – ao instante – reside em termos bultmannianos em conceber que *hic et nunc* o homem deve decidir em favor da fé, experimentar-o tempo escatológico denotativo da ação de Deus.[346]

---

[345] Cf. GIBELLINI, Rosino. "Teologia Esistenziale", in *La Teologia del XX secolo*. Queriniana: Brescia, 1992, p. 31-44.

[346] Cf. MILANO, Andrea. "Rudolf Bultmann (1884-1976)", in FISICHELLA, Rino (org.). *Storia della Teologia (III). Da Vitus Pichler a Henri de Lubac*. Dehoniane: Bologna, 1996, p. 511-530.

Outro elemento de aproximação é que tanto Heidegger quanto Bultmann elaboram o respectivo pensamento ontológica e hermeneuticamente, tecendo ao contexto do evento analisado, isentando-o de juízo axiológico *apriori* e efetuando um movimento de pensar para se alcançar uma verdade aberta, porque é histórica e totalmente relacionada à existência. Com isso, nem Heidegger e nem Bultmann dogmatizam o pensamento, estão fechados às novas possibilidades de pensar – no caso de Heidegger pensar o homem como *Dasein* e no caso de Bultmann pensar existencialmente a fé – e de efetivamente meditar a vida. Dessa forma, em ambos capta-se o sentido do círculo hermenêutico para efetuar um processo de compreensão e de interpretação consoante à existência humana. Sem esse círculo, a ontologia hermenêutica heideggeriana e a teologia *kerygmática* existencial de Bultmann ficam sem consistência e sem sentido. O círculo possibilita efetivar o homem como existência e, portanto, passível de ser compreendido e interpretado em seu aí histórico-existencial.[347]

A articulação desses dois pensamentos apresenta contribuições tanto à filosofia quanto à teologia. A primeira corresponde à relação entre filosofia e teologia, cujo desenvolvimento não pode ser mais de submissão da filosofia à teologia, nem de separação entre ambas incorrendo em um litígio, nem de subordinação da teologia à filosofia. Essa relação deve ser marcada pelo diálogo, pela abertura à possibilidade de influência mútua e pelo respeito à respectiva identidade de cada uma. Nessa relação, evidencia-se que a produção teológica contemporânea não pode abdicar da filosofia como hermenêutica, especialmente de cunho existencial, em que se aprofunda o ser do homem a partir de sua historicidade, de sua presença quotidiana no mundo, de seus dramas, da morte como horizonte de encerramento de possibilidades e de impulso à existência autêntica. Dessa forma, a teologia torna-se capaz de superar os conceitos encerrados em si mesmos e fechados à existência, e que, por isso, são incapazes de apresentar o *novum* próprio da teologia em perspectiva autenticamente contemporânea. E isso porque a teologia de efetivo cunho

---

[347] Cf. Idem, Ibidem, p. 531-557.

contemporâneo há de ser capaz de fazer um processo de compreensão e interpretação de suas fontes que denotam a atualização da fé, da palavra de Deus e, principalmente, das interpelações desse Deus cristão dialógico feitas ao homem de hoje. A filosofia, por sua vez, compreendida como ontologia hermenêutica e, portanto, incumbida de pensar sempre de maneira contemporânea, receberá da teologia os temas da fé e da experiência religiosa para serem refletidos filosoficamente, com contribuições da própria teologia. Romper-se-á com o preconceito em relação à teologia, conceituando-a genericamente como dogmatizante e isenta de contemporaneidade. Em profundo espírito de abertura, poder-se-á elaborar uma filosofia da religião de cunho existencial, capaz de compreender fenomenologicamente a experiência religiosa, a temporalidade escatológica da fé, e explicitar um conteúdo que aponte o homem em um horizonte transcendental em que a religião e a fé constituem elementos de sentido de sua própria vida, inclusive para a elaboração de um *ethos* que possibilita a construção de uma *oikós* existencial.[348]

A segunda contribuição refere-se à incidência da articulação entre existência e hermenêutica na relação da teologia com as demais ciências. É inevitável que na idade contemporânea a teologia dialogue com as outras ciências, a fim de que aprofunde sua cientificidade, visualize melhor a fé e a revelação e contribua com o aperfeiçoamento das outras ciências. No centro desse diálogo deve ser colocada a existência humana em todas as suas dimensões, a fim de que a compreensão e interpretação sobre o homem, realizada hermeneu-

---

[348] Referente à relação entre filosofia e teologia, marcada pela superação da subordinação de uma ciência à outra, o próprio Heidegger caracterizou essa relação de colaboração mútua, com a responsabilidade de correlação ontológica dada à filosofia, designando-a como ciência ontológica e a teologia como ciência ôntica, porque é uma ciência de fé – objeto ôntico dessa ciência. Na esteira dessa preocupação heideggeriana, Karl Rahner também estabeleceu uma relação de parceria entre ambas ciências, explicitando a histórica colaboração de uma à outra. Esse mesmo autor apresentou uma consistente filosofia da religião que possibilita subsídios filosóficos à compreensão da revelação cristã. Veja; HEIDEGGER, Martin. "Fenomenologia e Teologia", op. cit.; RAHNER, Karl. *Hörer des Wortes,* op. cit.; Idem, "Sul rapporto odierno tra filosofia e teologia", op. cit.

ticamente, sirva para que o próprio homem se encaminhe por um humanismo que, teologicamente, seja compreendido como a efetividade do amor, porque nisso reside o sentido da fé cristã: propiciar que o amor de Deus se torne realidade entre os seres humanos e no mundo que habita.[349]

A terceira contribuição corresponde à ideia heideggeriana de tempo pleno, correspondente à ideia bultmanniana de tempo escatológico. Elas são passíveis de articulação e apresentam que o homem não vive apenas na temporalidade da quotidianeidade, controlado pelo relógio e inerte diante do mundo que o circunda. O homem é existencialmente sujeito que é capaz de lidar com o tempo, temporalizando-o na quotidianeidade, retomando seu passado e antecipando seu futuro no instante, no agora que efetiva essa sua condição de sujeito. Esse modo de lidar com o tempo é o modo de lidar com a própria fé que se efetiva autenticamente no próprio tempo. Dessa forma, rompe-se com a ideia de que o tempo escatológico é um tempo posterior à morte e abre-se a possibilidade de pensar esse tempo como tempo do *eschaton* que se desenvolve na história e na existência do homem. Esse *eschaton* é Cristo que se apresenta como sentido de existência autêntica para quem assume a fé para vivenciá-la com intensidade na vida. Por isso, a pertença ao Cristianismo passa a ter um sentido escatológico que o conduz a ser uma religião cada vez mais inserida na história humana, preocupada com o homem em sua configuração existenciária e existencial e que por isso coloca esse homem no centro de suas atividades à espera de que, na plenitude do tempo, esse homem se torne o homem verdadeiramente novo.[350]

---

[349] Sobre a relação da teologia com as demais ciências veja: RAHNER, Karl. "La teologia nel dialogo interdisciplinare delle scienze", op. cit.; GONÇALVES, Paulo Sérgio Lopes. "La sostenibilità planetaria alla luce dell'interpretazione teológica", in *Rivista di Scienze Religiose 46* (2009), p. 368-403.

[350] Cf. BULTMANN, Rudolf. "La speranza Cristina e Il problema della demitizzazione", in *Credere e comprendere,* op. cit., p. 739-749; Idem, "Storia escatológica nel Nuovo Testamento", in Ibidem, p. 740-764; HEIDEGGER, Martin. *Seminá-*

5. Conclusão

Ao final deste texto em que se objetivou relacionar existência à hermenêutica, tomando Heidegger e Bultmann como filósofo e teólogo respectivamente, que se serviram da existência e a da hermenêutica para explicitar a ciência em que cada qual se engajava, constata-se que a categoria existência, no duplo sentido ontológico e ôntico, e a perspectiva hermenêutica são fundamentais para o desenvolvimento da filosofia e da teologia.

A filosofia não pode mais se desenvolver sem ater-se à existência do homem, sua configuração histórica, suas possibilidades diversas na temporalidade da decisão. Também, essa ciência, tida heideggerianamente como ontológica, não pode e nem deve abdicar-se da hermenêutica, pela qual se vislumbra a situação do homem em sua horizontalidade *ekstática* e transcendental. Isso significa que a filosofia reduza-se à ontologia hermenêutica heideggeriana; ao contrário, o pluralismo filosófico na era contemporânea confirma a amplidão da possibilidade de efetuar filosofia, mas a contribuição heideggeriana possibilitou uma nova atitude de pensar, concentrada em uma totalidade que abarca tudo aquilo que contribui na compreensão e na interpretação do *humanum*, visando sua elevação.

A história da teologia contemporânea denota a relevância da hermenêutica e, em função de Bultmann, a aplicação da hermenêutica existencial na ciência teológica. Isso possibilitou à teologia superar seu caráter meramente apologético e assumir um caminho em

---

rios de Zollikon. Protocolos – Diálogos – Cartas. Tradução de Gabriela Arnhold e Maria de Fátima de Almeida Prado. Vozes – São Francisco – Daseisanalyse: Petrópolis – Bragança Paulista – São Paulo, 2009. Sobre a escatologia veja: BORDONI, Marcelo – CIOLA, Nicola. *Gesú, nostra speranza. Saggio di Escatologia*. Dehoniane: Bologna, 1991; WIEDERKEHR, Dietrich. *Perspektiven der Eschatologie*. Benziger Verlag: Zürich – Eisiedeln – Köln, 1974. Sobre o tempo em Heidegger: REIS, José. "O tempo em Heidegger", in *Revista Filosófica de Coimbra 28* (2005), p. 369-414; BORGES, Irene Duarte. "A arquitectónica do puro Dar-se do Ser. Heidegger e os Beiträge", in *Poiética do mundo*. Homenagem a Joaquim Cerqueira Gonçalves. Colibri: Lisboa, 2001, p. 415-434.

que a fé é efetivamente pensada, no diálogo com a existência humana, compreendida e interpretada a partir da situação hermenêutica do homem. Nesse sentido, a teologia caracteriza-se como uma ciência de fé, cuja linguagem propicia o discurso sobre Deus a partir do homem, visto em sua existência, assumida em um duplo caráter: o ontológico e o ôntico.

Consolida-se na ciência teológica a centralidade do homem para falar de Deus. Em outras palavras, produz-se teologia com antropologia, com nexo ontológico-existencial e em perspectiva hermenêutica. Com isso, tem-se um Deus próximo ao homem, uma relação de aliança entre ambos e, principalmente, um Deus inserido na existência humana, e um homem, que existe ativamente, é sujeito de sua vida presente no mundo onde está situado e teologicamente experimenta o horizonte escatológico da fé cristã.

PALAVRAS FINAIS

Ao término deste trabalho urge retomar o percurso realizado e inferir seus elementos, buscando abrir novos horizontes de pesquisa da relação entre ontologia hermenêutica e teologia. Dessa forma, é importante recordar que este trabalho é uma coletânea, oriunda de um projeto de pesquisa que assumiu duas viradas fundamentais na história da teologia: a virada hermenêutica e a virada antropológica. Além disso, assumiu também a intuição de que a teologia contemporânea centra-se no homem para falar de Deus, necessitando, em função disso, assumir uma visão de homem, o que se tornou possível mediante a teologia existencial de Rudolf Bultmann e a teologia transcendental de Karl Rahner. Pois ambos assumiram a visão de Martin Heidegger de que o homem é *Dasein* e, por isso, imbuído de dinamismo histórico-existencial, sujeito ativo de sua história, marcado pela possibilidade de decadência e de acesso, conforme a perspectiva filosófica e conforme a perspectiva teológico-cristã de dizer sim e de dizer não às interpelações de Deus. Com isso, o homem é marcado por tensões, sendo sua existência uma autêntica ou inautêntica vivência dessas tensões. No âmbito da fé, a existência autêntica é a resposta mediante a fé que o homem efetua às interpelações de Deus, assumindo sua condição de sujeito no processo dinâmico da própria revelação divina, na qual Deus é o primeiro sujeito de seu diálogo com o homem.

Para realizar o objetivo do referido projeto de pesquisa e desenvolver as intuições expostas, apresentou-se um artigo sobre a relação entre filosofia e teologia, conforme as concepções de Heidegger e de Rahner. Justificou-se esse artigo o fato de que essa relação é fundamental na história da produção teológica e na própria caracterização da teologia como ciência ôntica que tem na filosofia seu *partner* e seu corretivo ontológico. Em seguida, analisou-se a experiência religiosa na pós-modernidade, a partir da análise heideggeriana acerca da vida religiosa concebida à luz do livro X das *Confissões* de Santo Agostinho. Trata-se de uma análise que vê a religião como evento da própria vida, marcada por tensões, por diversidade de possibilidades, pela experiência de decadência e de acesso e pela necessidade de cuidar da vida, para que essa experiência seja efetivamente verdadeira. No terceiro artigo, elaborou-se a relação entre teologia e antropologia, segundo a concepção de Karl Rahner, caracterizando seu método transcendental, seu conceito de homem, de Deus e a culpabilidade como elemento de diálogo entre Deus e o homem, com a preponderância de que Deus, em seu mistério inefável, designa que o homem lhe responda sim a suas interpelações. No quarto artigo, articulou-se a relação entre existência e hermenêutica à luz da ontologia hermenêutica heideggeriana e da teologia existencial bultmanniana. Desenvolveu-se essa ontologia efetuando o corte na obra *Sein und Zeit*, com algumas incursões em outras obras de Heidegger, evidenciando a analítica existencial, a relevância da categoria cuidado, a relação do tempo com a história e com a transcendentalidade humana. Apresentou-se a teologia existencial com fundamentação na obra *Glauben und Verstehen*, pela qual se conceituou essa teologia, explicitou-se a relevância da hermenêutica em teologia, a cristologia existencial e a palavra de cunho escatológico presente nessa forma de fazer teologia. Além disso, buscou-se articular ambas visões e explicitar as contribuições, em especial à teologia, emergentes na relação entre existência e hermenêutica em teologia.

Do conjunto de todos os artigos, infere-se que a teologia existencial de Rudolf Bultmann e a teologia transcendental de Karl Rahner receberam influência da ontologia hermenêutica de Martin Heidegger, construída para repensar a história do ser, redimensionando a metafísica e sendo utilizada na compreensão e interpretação do homem em sua existência. Sem sombra de dúvidas, Heidegger é um dos grandes filósofos da era contemporânea, e sua visão de mundo influiu no processo de elaboração da teologia contemporânea, particularmente nas teologias acima mencionadas.

Infere-se também que a teologia cristã é uma ciência ôntica por ser uma ciência de fé cristã, cujo objeto é Deus, apreensível na experiência do homem, concebido como *Dasein*. Isso requer que se conceba a filosofia como ciência ontológica, parceira da teologia para contribuir na compreensão e interpretação do homem existencialmente. Isso implica em afirmar o caráter imprescindível da relação entre filosofia e teologia, a contribuição de uma ciência com a outra e, principalmente, a afirmação da filosofia como transcendental e fundamento da relação da teologia com as outras ciências, assumidas como mediações na compreensão do *humanum*, no processo de elaboração da ciência teológica. Disso resulta a relevância de articular teologia e antropologia, conforme a ótica rahneriana e existência hermenêutica, segundo a perspectiva bultmanniana. Rahner e Bultmann, cada qual a modo próprio, assumem que o falar de Deus requer a mediação do *humanum* e que o homem é parceiro de Deus, sujeito passível de exercer a liberdade e a responsabilidade em sua relação com Deus. Dessa forma, coloca-se fim a uma teologia meramente conceitual, de um substrato metafísico isento da história e da historicidade do homem, da concepção de um Deus fora da história do homem. Ora, Deus é próximo do homem, tem no homem seu parceiro e mantém-se distante em sua sacralidade e inefabilidade.

Outro elemento importante a destacar é que a ontologia hermenêutica heideggeriana tem sua matriz em *Sein und Zeit*, mas expressa um pensamento que começou a formar-se anteriormente, com a preocupação sobre questões religiosas, e consolidou-se posteriormente, quando essa ontologia tornou-se uma filosofia aberta às novas possibilidades para pensar o homem como *Dasein* frente ao mundo onde está situado. Disso decorre que, mesmo não havendo efetivo desenvolvimento evolutivo do pensamento heideggeriano neste trabalho, aludiu-se ao *Ereignis*, concebido como evento denotativo do caminhar do homem em seu caminho, abrindo novos caminhos em sua existência. Dessa forma, o pensamento heideggeriano é de fundamental importância para compreender a religião na pós-modernidade, afirmando a relevância da facticidade da vida humana na experiência religiosa e a necessidade do homem estar aberto às novas possibilidades e incursões da vida. Isso significa que a religião na pós-modernidade não deve necessariamente ser compreendida à luz de parâmetros dogmáticos, moralizantes e prescritivos, mas a partir da experiência fática da vida, da existência do *Dasein* e da emergência do *Ereignis*, em sua qualidade de evento que surgiu da abertura ao *novum*.

Essa ontologia hermenêutica possibilita analisar o homem em sua existência, concebida em sua história, historicidade, em seu dinamismo vivencial. Dessa forma, o homem não está pronto e encerrado em um determinado momento de sua vida. Existir implica em caminhar na vida, experimentar a decadência, a angústia, o instante da decisão e defrontar-se com a morte, enquanto encerramento de possibilidades e enquanto horizonte que possibilita ao homem buscar dar sentido a sua existência. Por isso, é relevante realçar a categoria *Sorge*, pela qual é possível tomar cura, zelar, velar (colocar o véu sobre), dar atenção, ser solícito a si mesmo e com os outros *Daseins* para que a vida seja vivida em sua existência. Essa ontologia realça a temporalidade do *Dasein*, identifica-o com o tempo – o *Dasein* é o tempo –, e sua plenitude está em sua existência autêntica, enquanto o *Dasein* está aberto às possibilidades diversas de decadência e de acesso. É aqui que reside o círculo hermenêutico heideggeriano que possibilita compreender um evento ou um texto à luz da existência do homem, decorrendo disso a pré-compreensão como elemento fundamental na circularidade hermenêutica efetivamente plausível.

A centralidade antropológica na elaboração da teologia existencial e da teologia transcendental denota o caráter imprescindível da ontologia hermenêutica heideggeriana, uma vez que as teologias acima mencionadas trazem em seu bojo a formulação existencial de homem. E isso porque, para que elas falem de Deus, necessitam, antes, falar do ser humano, e o fazem à luz da mencionada ontologia. E, desse falar, decorre que a fé cristã assume na teologia semelhante sentido que a existência assume na ontologia hermenêutica, e que o tempo em teologia torna-se escatológico e, por isso, denotativo da realização do evento escatológico denominado Cristo. Dessa forma, o tempo pleno em Heidegger identifica-se com o tempo escatológico de Bultmann e Rahner, porque ambos não prescindem do homem como *Dasein*. Diferenciam-se no tempo porque na teologia de Rahner e na de Bultmann Deus assume a forma real e concreta na pessoa de Cristo, cuja lógica de sua encarnação, morte e ressurreição é o evento que caracteriza o selo cristão, por excelência. No entanto, vale realçar que essa concepção teológica é plausível porque encontra consistência na concepção ontológico-hermenêutica de tempo pleno.

Essa relação da ontologia hermenêutica com a teologia transcendental e com a teologia existencial teve e continua a ter intensa repercussão na produção teológica contemporânea. As formas de produção teológica na era contemporânea refletem a mediação do *humanum* para falar do *divinum* e, para isso, focalizam-se no *lócus theologicus* em que o homem está situado. Dessa forma, não há um Deus abstrato, a-histórico, que vê o homem como seu fantoche que a toda ordem dada lhe obedece, mas há um Deus concreto, revelado histórica e humanamente, assumindo inclusive a decadência, mediante a cruz de seu Filho, e o acesso, por meio da glória da ressurreição desse mesmo Filho. Com isso, a teologia cristã é uma verdadeira teologia da esperança, porque predica um Deus encarnado, histórico, presente na existência humana e que tem o homem como seu parceiro, que, com liberdade e responsabilidade, aja na temporalidade do tempo, cuidando para que a escatologia se realize na história, e para que a história se torne verdadeira história escatológica daquilo que o Cristianismo denomina de Reino de Deus.

Esperança maior ainda é para que a relação entre ontologia hermenêutica e teologia não se esgote e não permita abrir na teologia o caminho de formular conceitos acabados que fechem o ser de Deus em si mesmo. Essa relação possibilita a abertura à novidade do pensamento teológico, com uma linguagem denotativa que este caminho é um caminho que abre novos caminhos, denotativos da busca do efetivo e verdadeiro caráter contemporâneo da teologia, cujo falar de Deus não pode e não deve prescindir do falar *humanum* e do *humanum*.